단단한 개인

KB215141

일러두기 이 책에서 서술한 진보와 보수·좌파와 우파는, 한국사회를 기준으로 현 국민의힘(그 전신을 포함)과 보수정당 진영을 보수, 현 더불어민주당(그 전신을 포함)과 좌파 정당들을 포함한 진영을 진보로 편의상 규정하였습니다.

단단한 개인

누구의 편도 아닌 자리

담담

새로운 여정을 향해

<단단한 개인>을 출간한 지 벌써 5년이 지났습니다. 지난 책의 머리말에서 '같은 마음을 가진 이들이 나의 손을 잡아주면 좋겠다'고 썼더니, 정말 많은 단단한 개인들이 제 손을 잡아주셨습니다. 그 손들 덕에 5년이 된 책이 새로 옷을 갈아입고 다시 여러분 앞에 서게 됐습니다.

감사합니다.

다시 읽으면서 왜 이렇게밖에 쓰지 못했는지 부끄럽다가도, 어떤 대목은 지금 봐도 대견할만큼 만족스러워 추억의 사진첩을 들여다보듯 즐거운 원고 교정의 시간을 보냈습니다. 개정본에는 글의 순서를 더 쉽고 자연스럽게 읽히도록 다시 배치했고 불필요한 말은 덜어냈습니다. 초판 출간 때 담고 싶었던 글을 하나 보탰습니다. 오래된 사건은 설명을 추가해 이해를 도왔고, 현 시점에 달라졌거나 변화가 있는 내용은 최대한 보완했습니다.

다행히 책에 소개한 사안들이 시차가 느껴지지 않을만큼 현재에도 유효한 시사점을 담고 있어 조금 안도했습니다. 글을 쓰던 2020년 당시 대략 2015년부터 5년 동안의 사건들을 기록했으니 개정판에는 이후의 사건들을 보완해야하지만, 2020년 이후의 기록은 이 책의 출판사인 <담담>에서 펴낸 저의 다른 책 『왜 이대남은 동네북이 되었나』에실었습니다. 너그럽게 양해 부탁드립니다.

초판을 낸지는 5년이 지났지만 책에서 다룬 사건들을 기준으로 보면 벌써 10년의 세월이 흐른 셈입니다. 개정본을 내느라 다시 글을 읽다보니 지난 10년동안 한국사회에 정말 많은 일들이, 때로 비현실적인 형태로 일어났다는 사실이 새삼 느껴졌습니다. 이러한 혼돈의 세상에서 흔들리고 불안하지 않다면 오히려 이상할 지경입니다.

그래서 개정본에는 혼란한 가운데 제 책을 읽고 단단해졌다는 독자들의 후기를 실었습니다. 5년 전에는 추천사를 써주신 분들에게 누가 되지 않아야 한다는 생각에 설렘보다 염려가 먼저였습니다. 그런데 책이 나온 후 보내주신 독자들의 후기가 <단단한 개인>의 저자로서 자부심을 갖게 해주었습니다. 이 자부심으로 지난 5년 내내 두려움 없이 지성의 독립을 향해 나아갈 수 있었습니다. 누가 '너는 누구의 편이냐'고 물을 때마다 단단한 개인의 부제처럼 저는 누구의 편도 아닌, 단지 권리의 편이라 답해왔습니다.

5년 만에 개정본을 내게 되니 새로운 독자들을 만날 생각에 온전히 설렙니다. 이 책은 독립된 지성을 가진 단단한 개인들이 많을수록 우리의 공동체가 더 정의롭고 자유로워질 수 있다는 믿음에서 시작했습니다. 이제 그 믿음을 확인하는 즐거운 여정을 다시 시작합니다.

당신이 나의 여정에 함께 해주시면 좋겠습니다.

2025년 3월. 이선옥

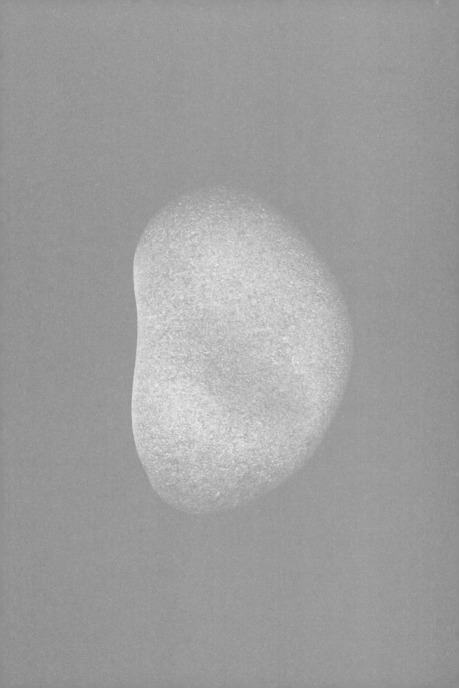

두려움 없이
지성의 독립을 향해

이 책은 누구의 편도 아닌 자리에서 독립된 지성을 가진 단단한 개인들이 많을수록 우리의 공동체가 더 정의롭고 자유로워질 수 있다는 믿음에서 시작했습니다. 약자의 편에 서겠다는 선언보다는 정의의 편에 서서 그 결과로 약자가 지켜지는 방식입니다.

1장과 2장에서는 이슈가 되었던 사건의 예를 들어 판단의 기준과 과정을 제시했습니다. 어떤 사안을 접할 때 곧바로 선명한 결론을 내리기보다 결론을 향해 가는 과정의 공정함과 합리성에 집중해 보았습니다. 공정함은 여전히 저의 화두입니다.

3장은 대략 지난 10년 사이에 청년세대의 가장 큰 사회문제가 된 남녀사이의 갈등, 그리고 그 안에서 흔들리고 표류하는 청년세대에 대한 안타까움에서 쓴 글입니다. 세상의 절반을 위함으로 진정한 평등을 이루겠다는 선의가 이토록 집약된 상황인데, 왜 우리의 청년남녀는 점점 더 대립할까? 하는 의문에서 시작했습니다. 갈등의 복판에 자리한 페미니즘에 대해 우리사회가 한 번쯤 차분하고 진지하게 다뤄볼 필요가 있다고 생각했습니다.

4장에서는 우선 판단을 중지하자고 권했습니다. 우리는 어떠한 갈등 사안이든 결론을 먼저 내리고 이유를 꿰어맞추는 사고에 익숙합니다. 그러한 습관은 다원화된 사회의 다양한 문제를 해결할 수 없게 합니다. 그래서 권리의 충돌과 차별의 문제를 해결하는 하나의 기준으로 '헌법적 사고와 권리 논증'을 제안해 보았습니다. 헌법은 각자 다른 가치관을 가진 사회구성원들에게 공통의 원칙으로 적용할 수 있는 가장 보편적이고 합리적인 규범입니다.

많은 갈등 사안에서 우리는 헌법적 사고를 통해 권리의 충돌을 조율할 수 있습니다. 낙태, 노키즈존(No Kids Zone), 성범죄 무고죄 예외적용지침, 리얼돌 규제 문제의 예를 들어 권리논증을 시도해 보았습니다. 다소 건조하게 읽힐 수 있는 장이지만 뜻밖에 논증의 즐거움을 체험하실 수도 있습니다.

마지막으로 5장에서는 대중문화 작품들을 접하면서 느꼈던 단상들을 모았습니다. 각기 다른 장르와 형식의 이야기들이지만 인상에 남은 작품들은 결국 하나의 이유로 모아졌습니다. 인간에 대한 이해를 더 깊고 풍부하게 한다는 점입니다. 이 책에서 다룬 모든 사유의 과정 또한 결국 인간이라는 존재에 대해 한걸음 더 깊게 이해하기 위함입니다.

단단한 개인은 인간을 수단으로 삼지 않고, 이데올로기를 목적으로 하지 않는 사람을 말합니다. 타인을 발아래 두려 하지 않고, 나의 자존과 타인의 자존을 조화롭게 지키려 노력합니다. 서로 다른 주장과 의견들이 넘치는 세상에서 온전한 '내 생각'이라는 건 뭘까? 어떻게 타인의 생각에 휘둘리지 않고 자신을 지킬 수 있을까? 내가 원하는 세상은 어떤 모습이고, 나는 어떤 사람이 되려고 하는가? 하는 질문을 계속 던지는 사람이기도 합니다.

한 독자는 "당신의 글을 읽고 주말 내내 우울했던 마음이 위로가 되어 울컥했다"고 했습니다. 다정한 단어 하나 없는 건조한 글이 그런 감정을 만든다는 사실에 놀랐습니다. 사유가 주는 힘이라고 생각합니다. 과정에 대한 성찰은 없이 결론만을 밀어붙이는 태도, 논증하지 않고 윽박지르면서 너는 누구 편이냐고 몰아붙이는 말들에 사람들은 지쳐 있습니다.

어떤 무리에 속해 있지 않아도 괜찮은 채로 단단하게 서 있는 사람이 주는 위로와 안정감. 내가 그런 이들에게 위안을 얻었듯 나도 누군가에게 같은 도움을 주었다는 사실이 글을 쓰는 힘이었습니다.

나의 생각을 세우는 일에 치열하고 집요하면서도, 타인의 다름을 존중하는 유연함을 가진 단단한 개인들이 많아지면 좋겠습니다. 이 책은 같은 마음을 가진 이들에게 함께 단단히 서있자고 조심스럽게 내미는 손입니다.

당신이 나의 손을 잡아주면 좋겠습니다.

2020년. 3월 이선옥

목차

머리말 　　　새로운 여정을 향해 　　　　　　　　　　 4
초판 머리말 　두려움 없이 지성의 독립을 향해 　　　　 8

1. 누구의 편도 아닌 자리
　약자의 편에 서 있다고 생각하는 당신에게 　　　　 16
　공정함에 대해 공정할 것 　　　　　　　　　　　　 24
　역지사지는 우리를 구원할 수 있을까? 　　　　　　 30

2. 말의 무게
　말의 무게 　　　　　　　　　　　　　　　　　　　 40
　정교한 언어, 관대한 태도 　　　　　　　　　　　　 46
　그때는 맞고 지금은 틀리다? 　　　　　　　　　　　 54
　그래도 되는 사람은 없다 1 　　　　　　　　　　　　 63
　그래도 되는 사람은 없다 2 　　　　　　　　　　　　 70

3. 갈등하는 남녀, 흔들리는 개인
　너는 틀렸다고 하면 끝인가 　　　　　　　　　　　　 82
　『82년생 김지영』이 말하지 않은 이야기 　　　　　　 88
　페미니즘 제자리 찾기 　　　　　　　　　　　　　　 104
　진보언론이 '약자'를 소비하는 방법 　　　　　　　　 111
　단단한 개인을 길러내는 교육 　　　　　　　　　　　 120

4. 일단, 판단 중지

노키즈존, 우리가 주목해야 할 진짜 이야기   134
낙태죄에 대한 입장을 정하는 내 생각의 순서   151
공존을 위한 규범인가?   161
: 성범죄에서 무고죄 예외적용지침

리얼돌 규제, 금지를 금지하라   177

5. 다시, 여전히 인간

<생활의 달인>이 가르쳐준 삶의 여러 결   198
<나, 다니엘블레이크>가 놓쳤던 물음에 관하여   205
드라마 <송곳>, 한 걸음의 진전   212
<1987>을 보며 세월호의 친구들을 생각한다   222
<나의 아저씨>가 데려다 준 이들   228

부록

초판 추천사   236
독자 후기   241
참고문헌   246

1

누구의 편도 아닌 자리

공정함은 네 편도 까고 내 편도 까라는 의미가 아니다.
어떤 사안이든 넘지 않아야 할 선, 지켜야 할 규범,
유혹을 견디는 힘을 만드는 일이다.

약자의 편에 서 있다고
생각하는 당신에게

나는 여성이고 도시의 저소득층 생활자다. 이 두 가지 조건만으로도 나는 사회경제적 약자에 포함된다. 그렇다면 나는 언제나 약자인가?

나는 글을 쓴다. 그 이유로 나와 비슷한 연령과 소득수준을 가진 여성이나 남성들에게는 없는 문화자본이 있다. 무명이라고 해도 작가라는 직업군이 누리는 사회적 인정과 장점들을 누리고 산다. 그리고 여자다. 제도로 보장된 약자 배려의 혜택을 누리면서, 동료시민들이 규범으로 지키며 사는 여성에 대한 배려도 함께 받는다.

한편, 나는 사회경제적 약자에 속한다고 주장할 수 있지만 어떤 면에서는 타인의 삶에 타격을 입힐 수 있는 힘을 가졌다. 나는 어딘가에 몇 마디 쓰는 일만으로도 누군가의 인생을 구체적으로 파괴할 수 있다. 내가 아는 일, 겪은 일, 진실만으로도 그럴 수 있고, 조금 과장을 섞어서 요령껏 글로 포장한다면 누군가를 망가뜨릴 수도 있다. 피해 서사를 만들고 극대화하는 일은 생각보다 쉽다. 거기에 여성이라는 연약(하다고 규정되는)한 나의 성별, 그간 내 직업 영역에서 쌓아온 신뢰의 정도나 인간관계들을 활용해서 기능적으로 호소하면 얼마든 파장을 만들 수 있다. 상대방이 잃을 게 많은 사람일수록 타격도 클 것이다. 그럼에도 나는 여전히 약자인가? 나는 2016년 즈음에 벌어진 한 사건을 보면서 나의 '약자성'에 대해 생각해보게 되었다.

'약자'의 폭로는 곧 사실도, 모두 정의도 아니다

2016년, 세상을 떠들썩하게 한 '문단 내 성폭력 폭로운동'이 시작됐다. 여러 문인들이 이 운동으로 형사처벌이나 작품 보이콧을 당했고, 문단에서 추방돼 억울함을 호소하는 문인들도 있었다. 이 가운데 가해자로 지목된 남성 시인 두 명에 대해 폭로 여성 일부가 거짓 폭로였음을 시인하는 일이 있었다. 미투운동가를 자처하며 이 운동을 주도한 여성은 거짓 폭로를 믿고 한 남성 시인을 성폭력 가해자라 주장했다가 허위사실 유포와 명예훼손이 입증되어 결국 사법처리를 받았다.

폭로 사건 가운데 남성시인 A의 사례는 복잡하게 전개되었는데, 그는 미성년자를 포함한 복수의 여성들에게 트위터를 통해 성폭력 가해자로 지목되었다가 그 가운데 허위 폭로가 밝혀져 일부 누명을 벗었다. 그러나 많은 매체가 이미 폭로자들의 주장을 여과 없이 보도한 후의 일이라 A는 미디어에 의해 성범죄자가 되었다. 그는 여러 매체와 지난한 소송을 벌여 정정보도와 함께 수천만 원 배상 판결을 받아내기는 했다. 하지만 3년의 세월이 지난 후였다.
그러나 A는 폭로자 가운데 한 여성과는 명예훼손, 성희롱 등의 혐의를 두고 수년 동안 소송을 벌인 끝에 결국 민사상 유죄판결과 형사상 허위사실적시 명예훼손죄로 구속됐다.

문단 내 성폭력 폭로 사건 가운데 특히 A 시인의 사례는 파장이 컸다. 많은 매체가 보도에 가담해 널리 알려졌고, 시인 자신이 적극적으로 소셜미디어를 통해 공방을 벌였기 때문이다. 당시 분위기는 성폭력 가해자로 지목된 이의 말은 아무도 들어주지 않았고, 해명할 기회 자체가 주어지지 않았다. 사람들은 가해자로 지목된 측의 이야기를 알 수 없었다. 그러나 A는 적극적으로 자신을 방어했다. 거짓 폭로를 시인한 일부 폭로자와 사실관계의 틀림을 입증한 그의 대응으로 여러 매체가 정정보도와 함께 금전배상을 해야했다. 폭로자들의 주장을 검증없이 보도한 결과였다.

미디어가 아닌 개인들일지라도 폭로 내용의 사실관계를 확인하려는 노력 없이 비난에 동참하는 일은 위험하다. 그 행위는 정의를 실현하기보다 누군가의 삶을 파괴할 가능성이 더 크기 때문이다. 우리는 심판관이 아니며, 타인의 삶을 벌할 권한 같은 것은 우리에게 없다. 나 역시 사실관계를 파악하기 전에 비난에 동참한 부끄러운 경험이 있다. 이제 그러지 않으려 노력한다. 어떠한 사안이든 당장 무언가를 해야만 하는 일은 없다. 비난의 글을 쓰려는 손가락을 멈추고 당사자의 반론이나 해명에도 귀를 기울이고, 폭로자의 주장도 다시 살펴본 후에 판단해도 늦지 않다.

나는 위 A 시인 사건에서 최초 폭로 당시 매체들의 일방적 보도와 온라인 폭로 운동에 대해 비판적 견해를 밝혔다. 수년 후 A가 구속되자 한 진보매체의 지면에는 나에 대해 '가해자를 두둔한 2차 가해자인데도 반성하지 않는다'는 비판칼럼이 실렸다. 따로 반론을 펴지는 않는 대신 나의 웹사이트에 해당 비판에 대한 견해를 밝혀두었다. 요지는 '사람의 순결성 여부가 틀린 원칙을 정당화 하지는 않는다'는 내용이다.*

올바른 원칙에 근거해 지지를 받은 사람이 유죄판결을 받았다고 해서 원칙이 틀려지는 것은 아니다. 원칙을 따라가다 보면 때로 그 수혜를 입는 사람이 좋은 사람일 수도, 나쁜 사람일 수도, 내 편인 사람일 수도, 상대편인 사람일 수도 있다. 무죄추정의 원칙이 작동되지 않은 채 폭로의 피해자가 된 사람이 훗날 명예훼손 재판의 유죄판결로 구속되었다고 해서 무죄추정의 원칙이 틀리게 되는 것은 아니라는 이야기다.

자신을 정의롭다 생각하는 이들은 어떤 사안이든 누가 약자인지를 먼저 판별하려고 한다. 그것을 기준으로 가해/피해(자)를 규정하고 판단결과를 의심하지 않는다. 자신의 정의로움을 과시하거나 사회의 정의실현을 위해 연대한다는 믿음에 빠져든다. 그 믿음은 중독성이 크다.

그러나 약자라는 규정은 단순하지 않다. 어떤 관계, 어

---

* 이선옥. "사람의 순결성 여부가 틀린 원칙을 정당화하지는 않는다", 이선옥닷컴, 2023년 11월 24일, https://leesunok.com/View.aspx?No=3034708

떤 사안, 어떤 상황에서 어떤 상대와 얽혀있는지에 따라 수시로 달라지는 것이 약자성이다. 나는 사회경제적으로 나보다 우월한 지위에 있는 누군가의 삶을 파괴할 수 있다. 사회지표상 그는 나보다 강자이지만 그와 나의 관계에서 나는 약자가 아니다. 같은 사안 안에서도 피해자와 약자성은 무시로 변한다. 위 문단 내 성폭력 폭로 사건에서도 폭로한 여성들과 지목된 남성 시인들 사이에서 피해자와 가해자의 지위는 계속 바뀌었다.

약자에서 취약성으로, 집단에서 개인으로

그러므로 중요한 건 '권리의 단위는 개인'이라는 근본 원칙을 놓지 않는 일이다. 집단적 정체성으로 약자를 단정하기보다 사회구성원 모두가 개별적 혹은 집단적으로 가진 '취약성'을 파악하고 대처하는 인식과 제도의 변화가 필요하다. 아동기의 취약성, 노년기의 취약성, 경력이 단절된 여성으로서, 실직 남성으로서, 이주민으로서 개별 인간들이 현재 처한 취약성에 집중한다면 누구도 배제하지 않으면서 당면한 문제를 해결할 수 있다. 약자는 무조건 옳다는 도그마에도 빠지지 않을 수 있다.

폭로가 사회운동으로 불같이 일어나던 시절, 한 폭로사

건을 보도한 진보매체의 여성기자와 이야기를 나누게 됐다. 내가 말했다.

"만약 내가 나의 이전 파트너나 함께 일해본 진보의 유명 남성들에게 성추행을 당했다고 거짓으로 폭로한다면 기자님은 의심하시겠어요? 저는 정말 그럴듯하게 잘 쓸 수 있고 어떤 일들은 일부 사실을 포함하기도 해서 약간만 포장을 해도 상대가 부인하지 못할 수도 있어요. 수년 전의 일까지 들춰내서 쓸 수도 있구요. 그 글을 읽은 사람들은 여자인 내 말을 의심 없이 믿어줄 거라고 나는 확신해요. 폭로란 이렇게 위험하고 허약한 겁니다. 그래서 신중하게 다루어야 하고 사실을 규명하려는 노력이 먼저여야 합니다. 누군가의 삶을 파괴할 수 있기 때문에 그렇습니다."

고개를 끄덕이고 돌아갔지만 그녀와 매체의 보도 태도는 달라지지 않았다.

진보언론들은 폭로자가 여성이나 사회적 을의 지위일 때 검증 없이 기사를 쓰고, 여성단체와 운동가들은 공론화라는 이름으로 행해지는 폭로를 지지하고 지원한다. 존재하는 제도를 이용하기보다 온라인 폭로를 택하는 방식이 가진 적정절차 위반에 대한 고민은 안타깝게도 없다. 실제 잘못이 있다해도 대중의 심판대에서 적절한 양형의 적용이란 불가능하다. 명예형에 처해지고 결국 사회적 살인으로 귀결되는 악순환이 반복되는데 아무도 책임지지 않는다. 이데올로기에 사건을 맞추고, 구체적 인간의 삶이 목적을 이루기 위한 도구가 되는 세상에서는 누구나 손쉽게 피해자가 된다. 이 사슬을 끊어야 하는데 오늘도 폭로는 계속되고 누군가의 삶은 약자를 위한 정의로운 세상에 제물로 바쳐진다.

여자라서, 경제적 약자라서 약자로 규정될 수는 있다. 그러나 사안에 대한 판단은 그게 우선이어서도, 전부여서도 안 된다. 타인의 약자성을 판별하기보다 자신의 정의감에 합당한 논리가 있는지, 그 방식은 정당한지 성찰하는 게 먼저다. 합리적인 판단과 해결은 약자 판별이 아니라 진실에 기반해야 가능하다. 누구나 상황에 따라 피해자가 될 수도 있고, 억압자가 되기도 한다. 피해는 상황이지 정체성이 아니다.

우리는 좀 더 공정한 방식으로도 약자의 편에 설 수 있다.

공정함에 대해 공정할 것

"권력을 휘두른다고 우리를 비난하면서 당신은 왜 출세를 위해 타인을 모욕하는 거죠?"

미국의 드라마 〈블루블러드〉*에 나온 대사다. 이 작품은 대를 이어 뉴욕시의 경찰청장을 배출한 명문 레이건가(家)의 이야기이다. 늘상 범죄가 등장하지만 단순하게 선악 구도로 상황을 만들지 않고 여러 생각거리를 주어 애청하는 드라마다. 극을 이끌어가는 주인공인 현 뉴욕경찰청장 프랭크 레이건에게는 아들 둘과 딸 하나가 있다. 두 아들은 모두 경찰이고 딸은 검사다. 어느날 고지식하고 유순한 둘째 아들 제이미가 흑인 민권운동가의 타깃이 된다. 목사이면서 대중연설에 능한 운동가는 상황을 고의적으로 편집

---

* BLUE BLOODS: 2010년부터 2024년까지 미국 CBS 채널에서 방영된 드라마.

한 동영상을 이용해 연일 제이미를 공격한다. 그는 대중을 동원해 백인 경찰 대 흑인 피해자라는 구도를 만들고, 막강한 권력자 집안이 결국 아들의 죄를 덮을 것이라고 맹비난을 퍼붓는다. 그는 제이미에게 죄가 없다는 사실을 알고 있으면서도 흑인이라는 자신의 약자 정체성을 내세워 대중을 선동한다. 그러나 결국 그가 노리는 것은 권력을 휘두를 수 있는 어느 기관의 구체적인 자리다.

흑인 목사의 선동이 여론을 움직여 경찰 내부의 감찰기구에서 제이미의 사건을 조사하기 시작했다. 조사관으로 나온 여성 경찰-그녀는 백인이다-은 제이미에게 시종일관 반감을 드러내며 빈정댄다. 그녀는 살아 있는 권력의 비리를 파헤쳐 성공하고 싶은 욕망으로 가득한 야망가다. 제이미는 새로운 증거가 드러나 무고함을 입증하게 됐지만, 그녀는 제이미의 무고함을 인정하고 싶어하지 않는다. 여전히 그가 권력자의 아들이라서 풀려나는 거라며 비꼰다. 제이미는 그녀를 향해 "권력을 휘두른다고 우리를 비난하면서 당신은 왜 출세를 위해 타인을 모욕하는 거죠?"라고 묻는다.

뒤틀린 공정

공정함이란 참 어렵다. 제이미는 자신이 경찰청장의 아들이라서 오히려 공정하지 못한 대우를 받는다고 생각한다. 성실하고 유능한 경찰이어도 그의 성취는 금수저의 특혜로 받아들여지고, 마땅히 무죄인 사건이라 무죄가 되었는데도 스스로 정의롭다고 믿는 여자 관료는 끝까지 인정하지 않는다. 그녀한테는 그가 권력자의 아들이어서 무죄로 풀려나는 상황이어야 하고 실제로도 그렇게 믿는다. 그래야 자신의 정의감이 빛나고 정당해지기 때문이다. 타인에게 무례한 자신의 태도도 돌아보지 않는다.

민권운동가인 흑인 목사도 마찬가지다. 그는 진실을 알면서도 자신의 목적을 위해 거짓으로 대중을 선동한다. 흑인 피해자와 백인 가해자, 권력자와 힘없는 자라는 가장 공격하기 쉬운 구도를 만들어낸다. 대중은 그의 선동을 쉽게 받아들인다. 진실을 믿는 것이 아니라 믿고 싶은 진실을 취사 선택한다. 권력자의 아들은 당연히 무능하고 부패하다는 진실, 백인은 가해자이고 흑인은 언제나 피해자라는 진실, 죄가 없어서가 아니라 권력자의 아들이라 무죄를 받았다는 진실. 이처럼 취사 선택된 진실은 의심이나 확인의 과정을 거치지 않는다.

2019년, 정권의 유력한 권력자가 비위 의혹으로 수사대 상에 오르고 그의 아내는 구속이 됐다. 지지자들과 반대자들은 서로 민주주의와 법치국가의 중요한 개념들을 앞세워 공격과 방어에 나섰다. 대한민국의 모든 공적, 사적 토론장은 불공정과 정의, 무죄추정의 원칙, 피의사실 공표, 피의자 포토라인 세우기, 언론사의 표현의 자유와 개인의 인권 등의 화두로 불타올랐다. 역대 어느 국면에서도 이런 개념이 전국민의 관심사였던 적은 없었다. 중요한 헌법적 개념들이 공론의 장에 오른 것은 좋은 기회였지만, 안타깝게도 어느 때보다 강고해진 진영논리는 우리 사회의 민주주의를 한 단계 진전시킬 기회를 삼켜버렸다.

다른 의견을 가질 권리

이른바 '조국 사태'를 지나면서 가장 위험한 퇴행은 진영의 논리 외에는 설 자리가 없어진 공론장의 사망이다. 사회 전체가 피아로 나뉘어 대치했고 많은 관계들이 파괴되었다. 모두가 헌법과 기본권을 얘기하고 이를 지켜야 한다고 말하면서, 자기 진영의 위반은 상대의 불공정한 잣대 때문이라 우겼다. 악플러를 비난하는 악플은 정당한 줄 알거나, 무죄추정의 원칙을 주장하면서 반대 진영 사람에게는 유죄를 단정하고, 피의사실 공표를 비난하면서 왜 상대방의 피의사실은 공표하지 않느냐고 분노했다. 내 편이 포토라인에 설 때만 가동하는 인권감수성은 곧바로 상대편의 비난 근거가 되고, 서로가 내로남불을 주장하며 상대편이 어긴 원칙만을 소환하는 모습은 관전자에게 피로감만 더했다.

상대에게도 엄격히 금지할 것을 요구하는 게 아니라, 나도 당했으니 상대도 똑같이 당해야 공정하다는 논박은 민주주의의 진전 면에서 보자면 퇴행이다. 내가 좋아하고 지지하는 진영을 기준으로 유불리함을 따지는 당파적 원칙은 이미 원칙으로 기능할 수 없다. 공정의 개념이 이토록 많이 회자된 적이 없었고, 이렇게까지 진영에 따라 전유되고 왜곡하는 일도 처음이었다.

공정함은 정의와 매우 밀접한 단어다. 내 편의 과오를 먼저 돌아보고 이 상황 이후부터는 모두가 동일한 원칙을 준수하기로 약속할 때 그나마 이러한 혼란이 정의로운 사회를 위한 의미 있는 진통으로 마무리될 수 있다. 또 한 가지 중요한 점은 니 편 내 편을 떠나 이런 개념들에 대해 이전의 다른 상황에서도 일관된 문제의식을 가졌는지 살펴봐야 한다.

만일 당신이 피의사실 공표가 문제이고, 무죄추정의 원칙이 지켜져야 한다고 생각한다면 무죄추정의 원칙도, 피의자 보호도, 피의사실 공표도 지켜지지 않았던 미투 사건들에 대해서도 일관된 문제의식이 있었는지 한 번쯤 돌아보기를 권한다.

지금까지 의심 없이 확신해왔던 여러 사건들에서 우리는 공정하지 못했다. 누구의 편도 아닌 자리에서 원칙을 기준으로 판단하려는 태도는 비난 속에 점점 위축됐다. 원칙의 전제는 보편성과 일관성이다. 민주주의의 기본은 다른 의견을 가질 권리다. 당신(진영)의 기준이 모두의 기준이 될 수는 없다. 당신의 예민함이 곧 정의가 아니며 당신의 불편함이 곧 불의의 근거도 아니다. 우리는 좀 더 공정하기 위해 노력할 필요가 있다.

공정함은 네 편도 까고 내 편도 까라는 의미가 아니다. 어떤 사안이든 넘지 않아야 할 선, 지켜야 할 규범, 유혹을 견디는 힘을 만드는 일이다.

역지사지는 우리를 구원할 수 있을까?

아래 네 장면은 우리에게 익숙한 이야기들이다. 나는 인권과 정의, 진보를 중요하게 생각하는 이들에게 거리낌 없이 공유되는 익숙함에 대해 말하고자 한다.

장면 1

오는 9월 퇴임하는 이인복 대법관의 후임을 정해야 할 때다. 대법원 구성의 다양화는 이제 출신의 다양성을 넘어 생각의 다양성이어야 한다. 중요한 건 누구와 부딪치며 살았느냐, 어떤 가치를 붙들고 싸웠느냐. 대법원이 달라져야 기울어진 운동장을 조금이나마 평평하게 만들 수 있다. 산업현장에서 아들 잃은 어머니, 아버지 잃은 아들딸의 눈물을 닦아줄 저스티스(대법관)를 고대한다. **(권석천의 시시각각, '민법에 갇힌 대법원', 권석천, 〈중앙일보〉, 2016. 6. 28)**

장면 2

우선 이들 판사들의 친구 중 노동자, 특히 노조활동을 하는 노동자는 한 명도 없을 것이다. 이런 친구가 한 명도 없으니 노동자의 삶이 얼마나 스산하고, 노조활동을 한다는 것이 얼마나 절실한 것인지를 피부로 느끼지 못할 것이다. 그리고 판사가 마음 편히 가는 동창모임이나 교회모임 등에서 만나는 사람은 대부분 기업가 아니면 관리자일 것이고, 이들 중 노조가 헌법상 보장된 단체라고 하는 것을 이해하는 사람은 한 명도 없을 것이다. (…) 마지막으로, 이들 판사들은 자신들과 비슷한 성향의 판사들하고만 어울릴 것이다. 해서 이들은 다른 판사들도 자신과 동일한 생각을 한다고 믿고 뿌듯해할 것이다. 이들은 자신들이 내린 판결을 비판하는 노동자들과 민변 변호사들을 이해할 수 없는 사람들로 치부할 것이다. (**'판사를 이해하는 방법', 강문대, 〈매일노동뉴스〉, 2016. 3. 14**)

장면 3

오히려 모두가 슬퍼하느니 '산 사람이라도 살자'고 주장한다. 언뜻 합리적으로 보이는 이러한 생각이 문제의 근인이다. 방사능에 오염된 고기, 가기 싫은 군대, 환경이 오염된 미군기지…, 해결할 수 없다면 다 같이 겪어야 한다. 그래야 개선된다. 자기 집에 물난리가 날 때, 기름이 유출될 때, 자식이 군대에서 자살할 때, 세월호에 탔을 때'만' 권력은 움직이게 되어 있다. 불행하지만 이것이 가장 빠른 해결책이다. 우리는 착각하고 있다. 민주주의 사회는 모두가 혹은 다수가 행복한 사회가 아니다. 배제된 사람이 없는 사회다. (**정희진의 낯선 사이, '피해를 공유하는 윤리', 정희진, 〈경향신문〉, 2016. 05. 22**)

장면 4

2016년 9월, 대선 주자였던 이재명 성남시장이 기자회견 도중 "세월
호 노란리본 좀 떼라. 지겹다"라고 말한 시민에게 화를 내며 말했다.
"우리 어머님의 자식이 죽어도 그런 말 하실 겁니까?" "그거랑 그거
랑 다르죠!" "내 자식과 남의 자식이 왜 다릅니까, 같은 사람입니다.
어머니 같은 사람이 나라 망치는 거예요. 어떻게 사람이 죽었는데 그
런 소리를 합니까? 본인의 자식이 그런 일을 당할 날이 있을 겁니다."
시민들은 이 동영상을 공유하며 사이다라 환호했다.

'역지사지'는 굳이 진보가 아니더라도 공동체에서 보편
적으로 강조하는 개념이다. 내가 당하지 않은 일이라도 타
인의 고통을 내 일처럼 느끼는 감수성이야말로 인간을 인
간이게 하는 필수덕목이라고 강조한다. 이재명 시장의 당
시 일갈에 시민들이 환호한 이유도 그 때문이다. 한편에
는 똑같이 당해봐야만 안다는 주장이 환호를 받는다. 어
떤 부류의 인간들은 애초부터 역지사지의 공감력이 작동
하지 않으므로, 고통의 당사자와 똑같은 고통을 겪게 해야
한다는 주장이다.

나는 '역지사지'와 '너도 당해봐야 안다'는 주장에 대해
생각한다. 권력자들이 배제된 자와 똑같은 고통을 겪어야

만 문제를 빨리 해결할 수 있다는 주장은 언뜻 공정해 보이기도 한다. 하지만 권력은 물난리가 날 집에 살지 않으며, 기름이 유출되는 환경에 접해 있지 않고, 방사능 오염 고기와 환경 오염된 미군기지를 대면할 이유가 없다. 세월호를 타고 여행을 갈 일도, 자식을 군대에 보낼 일도 없다. 그래서 권력이다. 함께 살 수 없다면 모두가 고르게 무간지옥을 겪는 것이 차라리 더 정의롭게 느껴질 수 있겠지만 그것이 '빠른' 혹은 '바른' 해결책이 될 수는 없다.

근대민주주의 사회에 맞는 권력은, 저와 제 가족이 겪지 않은 일이라도 공감하고 해결할 줄 아는 것은 기본이요, 저와 제 가족이 겪은 일일 때조차 객관화하고 합리적인 해결책을 찾는 존재여야 한다. 타인의 고통에 공감하는 능력, 자기 객관화를 위한 노력, 누구도 배제하지 않고 세상을 변화시키려는 구성원들의 의지야말로 민주사회의 필수 덕목이다. 역지사지의 중요성이 여기에 있다.

그런데 이 개념은 약자와 고통받는 이에 대한 특별한 공감력을 강요하는 데에 쓰면 힘이 떨어진다. 가치 지향이 다른 사람들에게 자신의 상상력과 동정심의 범위를 넘어서는 일에 동의를 강요하는 방식은 효과를 발휘하기 어렵다. 이는 상대방에게 상상력과 동정심이 없다고 비난하는 데 머물기 쉬우며, 오히려 갈등의 요인으로 작동하기도 한다. 정체성 정치(Identity Politics)*에 대한 대중들의 반격은 이를 잘 드러낸다.

예를 들어 이슬람이라는 종교가 탄압을 받는다고 할 때, 당신이 그 종교의 신자여도 그런 박해를 용인하겠느냐는 말은 효과가 없다. 이성애자와 동성애자의 권력관계를 이해한다면 약자인 동성애자의 편에 서야 한다는 말이나, 너의 아내나 딸이 성범죄의 희생양이 되어도 태연할 수 있겠느냐는 말, 세월호나 이태원 참사에서 피해자의 끔찍한 죽음과 유가족의 고통에 공감하라고 요구하는 일도 마찬가지다.

역지사지는 본래 보편적 관점을 획득하라는 촉구의 개념이다. 그런데 지금은 애초의 의미가 퇴색되고 동의할 수 없는 특별한 관점이라도 받아들여야 한다는 의미로 사용된다. 우리가 다시 복원해야 할 지점은 보편규범의 회복으

---

* 인종, 민족, 종교, 성별, 젠더, 장애, 성적지향, 문화 등, 공유되는 집단 정체성을 단위로 배타적인 권력 획득을 추구하는 정치. PC(Political Correctness)주의라 불리는 정치적 올바름 운동을 통해 결속한다.

로서 역지사지의 필요성이다.

종교전쟁에 반대했던 계몽주의자들은 종교의 자유에 동의하는가를 기준으로 삼았지, 핍박받는 종교 편에 서라고 요구하지 않았다. 가톨릭과 프로테스탄트가 대립하는 상황에서 핍박받는 편에 서라는 호소는 설득력이 없을 뿐 아니라 가톨릭이 틀렸다는 신호만 줄 뿐이다. 그러한 주장은 온건한 가톨릭 신자들에게도 반감을 먼저 일으키기 쉽다. 이성애자에게는 동성애자를 지지해야 한다는 당위보다, 타인(국가)이 나와는 다른 성적 지향(sexual orientation)을 강요한다면 이 규제에 동의할 수 있는가를 물어야 한다. 이성애자와 동성애자의 공통 범주는 '성적자기결정권과 자율성'이라는 기준이기 때문이다. 세월호나 이태원 참사도 마찬가지다. 우리는 이와 같은 사고가 일어났을 때 진상조사조차 하지 않고 넘어가는 일을 사회적 상식으로 받아들일 수 있는지 물어야 한다. 공통으로 인정할 수 있는 범주를 찾아내는 일, 그래서 보편의 규범을 회복하는 게 역지사지를 제대로 활용하는 방식이다.

모두가 타인인 우리를 보호하는 길

기울어진 운동장 논리는 오늘날 흔하게 쓰인다. 특히 진보진영에서는 진정한 사회정의를 수행하는 데 꼭 필요한 개념으로 등장한다. 위의 장면 1, 2에서 다루는 내용도 이것이다. 약자의 편에 서야 한다, 그래서 기울어진 운동장을 바로 잡아야 한다는 논리는 설득력을 가진 듯 보인다. 그런데 만일 판사들이 노동자 친구를 많이 사귄다면 사법부 안의 강자 편향이 해결될 수 있을까? 친구를 사귀는 일은 사적인 영역이다. 누구와 어떻게 부딪히고 살 것인가는 어차피 개별 인간이 처한 환경에 따라 다르고 통제할 수도 없다. 내가 아는 훌륭한 법관들은 장면 1, 2를 읽고 감명을 받았다고 했다. 그들은 그 글을 읽지 않아도 이미 그런 삶을 사는 이들이다.

이 시대에 사법의 영역에서 판사와 노동자가 시스템을 통해 만난다면 어떨까? 노동법원 혹은 전담 재판부를 만들 수도 있다. 분쟁의 당사자들이 제도화된 틀 안에서 동등하고 공정하게 만나는 방법을 찾는다면 노동자 친구가 없는 판사여도 편견 없이 문제를 해결할 수 있다.

중동문제를 해결하려면 우리가 중동이 되어야 하고, 장애인문제를 해결하려면 모두가 장애인이 되어야 할까? 여성에 대한 폭력문제가 해결되려면 더 많은 여성이 사건의 당사자가 되도록 폭력의 피해를 입어야 해결책을 찾을 수 있을까? 당연히 그럴 수 없다.

겪어봐야 안다거나, 당사자와 관계를 맺어본 사람일수록 사안을 정의롭게 판단한다는 생각은, 인간이라면 가질 수밖에 없는 상상력과 공감의 한계 안에 정의의 원칙과 해결의 범위를 협소하게 가두게 된다. 근대민주주의 사회는 '같음'이 아닌 '다름'을 기준으로 설계되었다. 서로 다른 가치관에 기반한 당위의 주장은 보편의 설득력을 가지지 못한다.

고도로 복잡하고 모든 사람이 지인으로 관계를 맺을 수 없는, 사실상 대부분이 타인인 사회에서 '우리'를 보호하는 길은 무엇일까? 모든 사안마다 이타심과 동정심, 타인의 고통에 대한 공감력, 상상력의 한계를 넘어서는 행동이 가능할까? 당연히 불가능하다. 그 불가능이 우리를 보호해 줄 수는 없다. 인간이라는 존재와 그들이 구성한 사회의 한계를 인정하는 것, 그런 한계에도 불구하고 작동하는 원리, 그것이 결국 우리를 보호해 줄 것이다.

역지사지란 바로 그 '보편적 관점'을 획득하기 위한 노력이요 촉구다.

2

말의 무게

약자의 편에 서 있다는 굳건한 믿음은 누군가의 삶을
해치면서도 그 고통의 크기를 가늠하지 못하게 한다.
가상의 공간에서 쏟아지는 공격이 인간의 실제 삶에
어떤 타격을 주고, 몸과 마음에 어떤 상흔을 남기는지도 알지 못한다.
온라인에서 당하는 공격으로 삶이 파괴되는 사례는 계속 쌓이는 중이다.
유명인, 권력자, 사회적 강자, 누구라도 예외가 아니다.
온라인이 공동체의 가장 큰 소통 공간이 된 오늘,
이 문제는 누구에게도 사소하지 않다.

말의 무게

2016년, 제 45대 대통령을 뽑기 위한 미국의 선거에 성공한 사업가이자 방송인인 도널드 트럼프 후보가 출마했다. 진보좌파로 분류되는 유명한 철학자 슬라보예 지젝(Slavoj Zizek)이 뜻밖에도 보수정당 공화당의 후보인 트럼프 지지 선언을 했다. 꽤 진지했다. 그는 트럼프가 당선되는 상황이 가져올 피해보다 그 반대의 이득이 더 크다고 주장했다. 지젝은 '트럼프가 이긴다 해도 미국이 독재국가가 되지는 않을 것이고, 트럼프는 파시즘을 가져오지 않을 것이며, 오히려 그의 승리는 아주 큰 깨어남을 가져와 새로운 정치 프로세스가 시작될 것'이라고 했다. 그는 진보진영이 지지하는 민주당의 힐러리 클린턴 후보는 금융마피아 세력들과 연결되어 있으면서 진보적인 후보로 보이기 때문에 무엇보다 가장 위험하다고 주장했다. 오히려 트럼프 당선이라는 충격요법이 정체성 정치 도그마에 빠진 진보좌파 진영을 각성시킬 방법이라고 보았다.

비슷한 경우가 우리에게도 있다. 내가 아는 유명한 노조 지도자는 대공장노조 선거에서 민주노조가 몇 차례 패하자 어용세력이 집권해서 조합원들이 쓴맛을 한번 봐야 한다고 했다. 그래야 정신을 차릴 거라는 이유에서다. 참여정부에서 고위관료를 지낸 유명 정치인 B와 우연히 한 자리에 있게 됐다. 당시는 박근혜 정부 때였는데 그는 국무총리 후보로 지명되었지만 부정 여론 때문에 임명이 보류된 채 표류하던 보수정치인이 빨리 임명되어야 한다고 했다. 사람들이 함량미달인 후보가 임명된다면 나라의 미래가 걱정이라고 하자 B는 환하게 웃으며 그가 통과되면 나라꼴이 엉망이 될 것이고, 바닥까지 망가져봐야 국민들이 뼈저리게 깨닫고 우리한테 다시 기회가 올 거라고 했다. B는 지금도 큰 영향력을 가진 진보진영의 유명인사다.

나(우리)에게 유리하다면 세상이 나빠져도 괜찮다는 사고방식은 생각보다 흔하다. 나와 가까웠던 진보정당 활동가는 보수우파 정당보다 민주당을 더 위험하다고 견제했다. 계급적으로 자본가와 한뿌리인데 왜곡된 개혁 이미지로 포장하기 때문이라고 한다. 위 슬라보예 지젝과 비슷한 생각이다. 그런 이유로 민주당이 집권하는 동안 실정이 있을 때마다 그는 기뻐했다. 나는 그와 동료들의 태도에 피로감을 느꼈다. 몇 차례 그런 장면을 보다가 물었다.

"당신이 원하는 것은 세상이 좋아지는 건가요, 당신의 적이 실패하는 건가요? 당신은 세상의 변화를 위해 신념을 내걸고 운동하는 사람인데 좋은 세상을 만들겠다면서 세상이 나빠진 일에 왜 기뻐하나요?"

재벌총수에 대한 구속영장이 기각된 후 한 진보적 운동 단체는 '사법부를 해체하라'는 성명을 발표했다. 사법부를 해체하고 나면 사법의 영역은 어떻게 할 것인가. 아무리 허공에 던지고 마는 주장이라 해도 이러한 말은 사회의 변화에 도움이 되지 않는다.

무책임한 말과 더불어 여지가 없는 선명한 말 또한 바람직한 변화보다는 퇴행적인 갈등에 기여한다. 한국의 정치는 대부분 도전하는 세력이 주체적인 실력과 노선으로 검증받고 선택되기보다는, 상대 세력이 헛발질했을 때의 반작용으로 권력을 교대해왔다. 신념, 책임, 비전 같은 긍정적인 토양이 자라기 힘든 정치환경이다. 자신들의 신념과 비전보다는 상대의 실책과 악함에 기대어 연명하는 운동은 선명하되 앙상한 깃발로 남는다. 선명한 선에게 최적의 파트너는 선명한 악이다. 깃발의 선명함을 지키려 들수록 상처받는 사람은 많아진다. 선명함을 입증하지 못한 사람들은 깃발 아래 설 자격을 얻을 수 없기 때문이다. 그렇게 떠난 마음들은 갈 곳을 모르고 방황하다 때론 뒤틀린 모습으로 돌아오기도 한다.

함께 할 여지, 변화로 나아가는 힘

'우리 사회에서 일어나는 대부분의 성폭력 사건들은 여전히 피해자의 말을 무시하고, 사건을 은폐하며, 가해자는 어떤 타격도 받지 않고 끝난다.'

'1990년대 이후 한국의 주류 노동운동은 자기 사업장의 임금인상 외에 공공성과 노동연대를 이루는 쪽으로 한 발짝도 내딛지 못했다.'

'우리는 각국 정부와 기업에 요구한다. 화석연료(석탄, 석유, 가스) 사용을 완전히 그리고 신속하게 중단하라.'

위 주장에서 '어떤 타격도 받지 않고'와 '한 발짝도 내딛지 못했다', '화석연료 사용을 완전히 신속하게 중단하라'를 다른 방식으로 표현했다면 어떨까? 완전히 동의하지는 않더라도 토론과 합의의 길로 한 발은 나아갈 수 있을 것이다. 과연 가해자는 어떤 타격도 받지 않는가? 한국의 노동운동은 연대를 이루는 쪽으로 한 발짝도 내딛지 못했나? 화석연료의 완전한 사용 금지가 실현 가능한 요구인가? 그렇지 않다.

가해자로 지목된 사람들의 삶이 무너진 예는 많다. 민주노총이 비정규직을 위한 연대기금으로 지불한 비용 또한 수십억 원에 달한다. 조직의 성격상 당연한 일을 하는 것이라 해도, 단정적으로 비난받을 상황은 아니다. 화석연료의 사용은 정부와 기업만의 문제가 아니라 모든 인간들의 삶과 생존의 유지 문제다.

이런 식의 주장은 반대자들에게 분노를 일으키고, 판단이 끝나지 않은 중간지대의 사람에게는 선뜻 동의할 수 없는 불편함을 갖게 한다. 선명할지언정 원하는 해결책을 도모하는 데 효과적인 방법은 아니다.

극단적인 수사는 '여지'가 들어설 자리를 없앤다. 생각할 여지, 행동할 여지, 타협할 여지. 때론 설득당하고, 결국 변화를 향해 나아갈 수 있는 사유의 자리를 빼앗는다. 함께 할 여지보다 밀어내는 반동의 힘이 크다.

그러므로 최대한 많은 사람들이 내 주장에 동의하도록 만들려면 책임 있는 말하기가 필요하다. 분노의 총량을 키우고 선명성을 강조하는 일은 이미 동의하고 있는 대상에게만 소구한다. 극단의 수사를 걷어내면 분노의 발산으로 끝나지 않고 한 발짝이라도 해결을 향해 나갈 수 있다.

누구의 삶도 구체적으로 책임질 필요가 없는 사람들의 '아무말'은 대중을 피로하게 한다. 왕관을 쓴 자만이 무게를 견딜 의무가 있는 건 아니다.

깃발을 든 자들일수록 말의 무게를 직시할 일이다.

정교한 언어, 관대한 태도

2017년, 일군의 남성들이 "나는 잠재적 가해자입니다"라고 쓴 피켓을 들고 가해자 인증 캠페인을 벌였다. 소셜미디어에서는 "#나는_잠재적_가해자입니다" 해시태그 릴레이가 이어졌다. 여성들에 대한 혐오와 범죄에 대해 더이상 방관자로 살지 않을 것을 다짐하는 동시에, 가해자라는 규정이 싫으면 남자들이 먼저 바꾸자는 취지의 운동이었다.

남성 일반을 성범죄의 가해자로 규정하는 이 운동은 반발과 비난을 불러일으켰다. 그러나 참가 남성과 이를 지지하는 여성들은 실제 성범죄를 저지르지 않으면 될 일일뿐 문제가 없다는 반응이었다. 오히려 문제를 제기하는 남성들을 향해 성범죄를 저지를까봐 화를 내는 것이라며 온라인 상에서 논쟁을 벌이기도 했다.

그러나 잠재적 가해자라는 용어는 이들의 주장처럼 (범죄를)안 저지른다면 아무 의미도 없고 피해도 주지 않는 단순한 개념이 아니다. 적어도 말의 상징성을 예민하게 여기고 정치적으로 올바른 언어사용 운동을 하는 사람들이라면, 자신들의 언어에 대해서도 일관된 정교함을 적용해야 한다.

잠재적 가해자라는 개념이 있으려면 그렇게 불리지 않는 사람과 구분되는 차별점이 있어야 한다. 어떤 성범죄자들은 징역을 살고 난 후에도 정부가 신상을 고지하고 전자발찌를 채워 자유를 제한한다. 일반 시민은 차지 않는 전자발찌를 차는 이유는 국가가 그들을 잠재적 가해자로 규정하기 때문이다. 잠재적 가해자는 그런 개념이다.

이 캠페인에 동참한 남성들은 위의 성범죄자들과 같은가 다른가? 당연히 다르다고 할 것이다. 모든 남성이 잠재적 가해자라면 그렇지 않은 시민과 구별되는 기본권의 제한을 받아야 한다. 스스로를 잠재적 가해자라 규정하는 남성들은 모형전자발찌라도 차서 그 개념의 엄중함에 기반한 운동을 벌여야 설득력이 있을 것이다. 그래야 말에 의미가 있는 것이지 그런 차이가 없다면 의미 없는 말의 잔치일 뿐이다.

그런 행위를 통해 스스로 괜찮은 남자이며 정의로운 사람임을 인정받고 싶은 마음 자체가 부당한 것은 아니다. 하지만 그 정도의 각오로 나를 통제하겠다는 의지 없이, 그저 가벼운 마음과 행위로 타인까지 가해자의 묶음으로 규정하는 행위는 부당하다. 성별 갈등이 격화되면서 소셜 미디어에서는 남성 페미니스트들의 활약이 커졌다. 이들은 여성보다 더 강경하고 단호한 태도로 남성을 비판하고 조롱에 앞장섰다. 여성에게는 관대함을 넘어 담론적 지지 역할을 하고, 남성에게는 '태생적으로 미개한 존재'라는 조롱으로 인종차별 수준의 혐오를 가했다.

남성 페미니스트의 업보

아이러니한 일은 잠재적 가해자 캠페인에 참여했거나, 비슷한 자기고백적 발언을 했던 남성 페미니스트 여러 명이 오히려 폭로의 대상이 된 사실이다. 이들은 페미니스트와는 거리가 먼 이중적인 과거행적이 발굴되어 성폭력과 여성혐오 혐의로 소셜미디어에 폭로되었다. 강성 페미니스트임을 과시하던 일부 남자 페미니스트는 (지금은 폐쇄된) 성인용 웹사이트 소라넷의 적극적인 이용자였거나, 연재활동까지 한 이력 때문에 조롱을 받았다. 그들이 강경한 페미니즘 발언을 할 때마다 소라넷 이용자 시절 쓴 글이 캡처되어 조롱의 근거로 쓰였다. 이들은 대부분 자신의 과거를 반성하고 페미니스트로 거듭남을 선언했다. 강경한 행보는 반성의 진정성을 입증하기 위한 것이기도 하다.

하지만 급진적인 여성 페미니스트는 남성 페미니스트의 존재를 거부하므로 인정하지 않고, 남성들은 '동족' 말살에 앞장선 이들을 곱게 볼 리 없었다. 스스로의 변화에 집중해서 좋은 사람이 되려는 노력보다 자신의 극적인 변화를 인증받기 위해 더 열심히 타인을 공격하고 비난하는데 앞장선 이들에게는 조롱이 뒤따랐다.

더 아이러니한 일이 벌어졌다. 한 남성 페미니스트는 수년 전의 잘못을 박제해서 조리돌림하는 행위에 항의하면서, 현재의 나를 보지 않고 인간의 변화 가능성을 믿지 않는 사람들이 무섭다고 했다. 그러나 그가 조롱당한 것은 인간의 변화 가능성을 믿지 않고 과거의 잘못을 캐내어 조리돌리는 자들의 악함보다는, 자신의 과거 역시 변변치 않으면서 타인을 공개적으로 공격하는 데 앞장서 온 그간의 행위 때문이었다. 그 자신의 업보라는 것이다. 이처럼 페미니즘에 의한 단죄 사태에서 정작 남성들은 당해보기 전엔 그 형벌이 어느 정도의 타격인지 모르고, 당한 후에는 발언권이 없어졌다.

자신에게 불리해 보이는 방향으로 급격한 변화의 시기를 맞을 때 어떤 이는 침묵하며 웅크리지만, 어떤 이는 극적인 변신으로 변화의 앞머리를 선택한다. 언론에 자주 등장한 유명 남자 페미니스트는 '죽지 않으려면 시대의 흐름이라도 똑바로 보고 대세에 따르라'는 말을 노골적으로 하기도 했다. 남성 페미니스트의 과잉된 행동을 보면 기저에 깔린 공포가 느껴진다. 가장 앞에 서지 않으면 비참하게 죽을 수 있다는 두려움에서 오는 공포다.

'잠재적 꽃뱀'을 허용할 수 없다면

폭로를 당한 남성 페미니스트들은 폭로된 사실을 즉각 인정하고 통렬한 자기반성을 하거나, 사실을 부정하고 억울함을 호소하는 부류로 나뉘었다. 일반 남성과 다를 바 없는 반응이었다. 만일 이들이 억울한 피해자라면 일방적인 폭로로 삶을 타격한 상대 여성은 가해자가 된다. 폭로가 중요한 운동방식으로 정착한 사회에서 여성 역시 잠재적 가해자라고 규정할 수 있는 것이다. 그렇다면 과연 피켓을 들고 가해자 인증 운동을 벌인 남성들은 여성에게도 같은 행동을 요구 할 수 있을까? 그렇게 해야 하는가?

가해자와 피해자라는 규정은 이처럼 단순명료하게 정의될 수 없다. 내가 그 입장에 서게 됐을 때 누구든 당황하고, 혼란스럽고, 흔쾌히 사실인정을 할 수 없는 여러 맥락이 존재하기 때문이다. 성적인 영역의 범죄는 특히 그렇다. 대부분 둘 사이에 벌어진 일이라 객관사실을 입증하기 어렵고, 상황에 대한 서로의 해석이 다른 경우도 많으며, 기억은 언제든 왜곡되기 쉽다.

그러므로 우리가 취해야 할 태도는 신중함과 관대함이다. 그래서 더욱 자신이 쓰는 언어가 어떤 사회정책적 함의를 갖는지 알아야 한다. 개념을 만들 때는 신중하게, 사회 보편의 규범과 생활인들의 인식에 맞는 언어를 쓰려는 노력이 필요하다. 스스로 조심하면서 살겠다는 다짐 정도면 되는 일에 개념을 붙여 운동을 벌이는 건 다른 차원의 문제가 된다. 특히 다수 대중을 향한 캠페인을 벌일 때는 더욱 주의가 필요하다. 만일 아이를 양육하는 여성들에 대해 잠재적 아동학대자라고 하면 받아들일 수 있을까? 여성 일반을 잠재적 꽃뱀이라 규정하는 건 어떤가? 위의 캠페인에 참여한 남성들에게 이 주장을 들려준다면 아마 여성에 대한 혐오이자 부당한 낙인이라며 크게 반발할 것이다.

2018년 예멘 난민의 체류를 두고 논란이 불거졌을 때 예멘인들을 '잠재적 성범죄자', '잠재적 강간범'이라 부르며 수용을 반대하는 여성들이 있었다. 이들은 청와대 청원게시판에 난민반대요구를 올려 소셜미디어에서 서명운동을 벌였고, 반이슬람을 외치는 보수기독교세력과 함께 난민수용 반대 운동을 주도했다. 예멘인들이 여성을 무시로 강간한다는 가짜뉴스가 돌았고, 소셜미디어에는 예멘인에게 강간과 폭행을 당한 여성들 모습이라며 정체불명의 사진이 공유됐다. 진보진영은 예멘인들에게 '잠재적 성범죄자', '잠재적 강간범'이라 부르는 걸 반대하고 비판했다. 남성 페미니스트들 또한 같은 입장에서 여성들의 공포를 달래며 설득했다.

센 언어, 선정적인 단어들에 취해서 벌이는 운동은 불안하고 위험하다. 권리와 권리 아닌 것의 구분이 모호해지고, 목소리 큰 자들이 자의적으로 규범을 독점하는 결과가 될 수 있기 때문이다. 함부로 쏘아대는 말의 화살은 언제든 돌아와 나를 겨눌 수 있다.

그러므로 자신(과 진영)에게 엄격함을 추구하는 쪽보다는 상대(와 진영)에 대한 관대함을 강화하는 쪽으로 바꾸려는 태도가 필요하다. 나한테 엄격해야 상대가 잘못했을 때 단죄할 수 있다는 대결 중심의 사고는 나의 변화가 아닌 타인에 대한 통제를 욕망한다.

인간의 불완전성을 인정하고 변화의 가능성을 도모하는 해결 중심의 사고가 필요하다. 인간의 변화 가능성을 무시하고 수년 전의 잘못을 공격하는 건 옳지 않다고 항변하던 남성 페미니스트는 그렇다면 당신들은 왜 타인을 혐오자라 낙인찍고 조롱해왔느냐고 반박당했다.

인권감수성이 발달했다는 도덕적 우월감은 동료 시민을 손쉽게 혐오주의자로 낙인찍는 우를 범한다.

단죄보다는 관용을, 엄격함보다는 너그러움을 나와 타인에게 모두 적용할 때 좋은 변화는 가능하다.

그때는 맞고 지금은 틀리다?

2011년, 한 매체에 글을 썼다. 파업과 장기투쟁 과정에서 노동자와 가족들이 죽어가는데 막을 방법을 몰랐다. 손을 놓고 있을 수 없어서 몇 년 동안 만난 노동자들의 심리 상태를 중심으로 글을 한 편 썼다. 취재 기록을 들춰보니 분노, 우울, 상처, 죽음 같은 공통점이 잡혔다. 보강취재를 통해 이들이 겪는 고통을 자세하게 묘사했다. 치유의 길은 막막했다. 그래서 어떻게 해야 하느냐고 물었다. 죽고 나서야 그들의 삶을 돌아보지 말고 삶을 지켜 죽음을 막자고 호소했다.

글의 주제가 그러하니 노동자들의 가장 고통스러운 상태를 끄집어내야 했다. 한 노동자는 파업과 해고 이후 우울증과 심리적인 공황증상을 겪으면서 특히 아이에게 폭력적인 행동을 한 자신을 원망했다. 아이에게 상처로 남을까 봐 걱정하면서 그것을 극복하려고 얼마나 노력하고 있는지 증언했다. 나는 그것을 받아썼고, 그가 아이에게 했다는 행동을 글로 묘사했다.

2012년 또 다른 매체에 비슷한 글을 썼다. 대량 해고를 당한 후 공장 점거 파업을 벌인 노동자들의 그 후를 취재했다. 파업과 장기투쟁은 노동자들의 삶에 여러 상처를 남긴다. 심리적인 장애를 겪고, 가족이 해체되고, 극단적인 선택을 하기도 한다. 그때도 나는 노동자와 가족들의 증언을 가감없이 실었다. 아내한테 폭력적으로 대하고, 짜증을 내다가 아이들을 때렸다는 증언들. 제 잘못이 아닌 일로 고통을 겪고, 자괴감과 자책 속에 살고 있는 그들을 돕고 싶었다. 노동자들이 계속 죽어가니 트라우마를 겪은 노동자를 치유하기 위한 사회적 움직임이 일어났다. 노동자의 건강권을 지키는 의사들과 사회학자, 운동가들은 장기파업 노동자의 상태가 매우 위험하다고 진단했다. 그들이 조사한 결과에는 내가 쓴 글과 비슷한 증언들이 근거로 등장했다.

우리는, 아니 적어도 나는, 약자의 편에서 그들을 보호하고 사회정의를 위해 일한다고 생각했다. 그래서 열심히 그들의 증언을 기록했고, 가능한 지금 겪고 있는 고통을 생생하게 드러내려 했다. 아픔에 공감하는 사람이 제법 있었고 칭찬도 많이 들었다. 내 글을 읽고 후원을 했다는 사람도 있었고, 함께 울었다는 독자도 있었다. 고백하자면 조금 으쓱했다.

피해자였던 가해자, 가해자였던 피해자

지금의 나는 그 일을 후회할 뿐 아니라 반성한다. 2016년, 과거에 노동조합 활동을 했던 남성 C가 데이트폭력의 가해자로 지목되었다. 옛 연인의 소셜미디어 폭로로 시작된 이 사건은 결국 폭로자와 C 사이의 소송으로 번졌다. 둘 뿐 아니라 폭로 여성의 편에서 그를 비난한 이들 일부도 고소를 당했다. 이 남성은 8년 전 해고를 끝으로 노동조합 활동을 접었고 평범한 회사원으로 사는 중이었다. 그러나 폭로 당시 그는 노동운동가, 노조활동가, 진보남성이라는 수식어가 붙으며 여론전에서 가중처벌을 받았다. 폭로 여성은 상대방이 데이트폭력을 저질렀다는 근거 중 하나로 아이들에 대한 폭력을 예로 들었다. 아이들이 아빠로 인해 정상적인 건강 상태가 아니라는 서술을 자세하게 했는데, 이 때문에 그는 데이트폭력 가해자에 아동학대범이라는 비난까지 받게 되었다.

폭로 사태가 일어난 후 C는 자신의 결백보다 아이들에
대한 묘사가 퍼지는 걸 막기 위해 백방으로 뛰어다녔다.
폭로자의 증언은 사실과 다르다고 했다. 그는 자신의 사건
을 보도한 언론사, 인터넷 커뮤니티, 소셜미디어, 웹사이
트마다 아이들의 병력을 잘못 묘사한 대목만이라도 지워
달라고 호소했다. 실명으로 폭로된 사건이라 아이들이 노
출되었고 이로 인해 받을 상처를 생각하니 끔찍했기 때문
이다. 하지만 온라인에서 그런 관용을 기대하기는 어려웠
다. 오히려 과거 그의 상황을 보도한 글들이 폭로자의 증
언을 확인하는 근거로 등장했다. 어떤 이는 옛날 기사를
링크하며 그가 폭력의 가해자라는 증거이므로 비난은 정
당하다고 했다. 수년 전 자신의 기사가 사실대로 보도되었
는지 하나하나 확인하지 못했던 남성은 예전 글들을 다시
보게 되었다. 하지만 늦었다.

나는 C에 대한 기사가 났던 그해의 상황을 기억한다.
우리 사회는 노동자들의 장기파업에 관심이 없었고 그들
이 어떤 고통을 겪는지 알지 못했다. 문제의식을 느낀 전

문가들이 조사와 진단을 한 끝에 구체적인 숫자로 그들의 고통이 입증됐다. 처음이었다. 진단 결과 이들은 일반인보다 몇 배나 위험한 고위험군의 환자라고 했다. 우울지수가 수치로 표현됐고 그들이 겪는 일상의 문제를 자세하게 증언하는 자리가 열렸다. 거기에 C도 있었다. 노동자들은 처음으로 주목받게 된 자리인 만큼 아픈 상처를 가감 없이 증언하려 노력했고, 운동가들도 최대한 심각하게 고통을 묘사했다. 언론도 마찬가지였다. 감상적이고 어찌 보면 선정적인 증언들을 고스란히 담아 이들의 고통에 주목하도록 노력했다.

그 보도는 나 같은 사람이 장기투쟁 노동자의 문제에 관심을 가지는 데 중요한 역할을 했다. 적어도 내 주변의 운동권과 활동가들, 약자의 편에 서려고 노력하는 사람들은 그들의 고통에 공명했다. 누구도 그들의 증언을 들으며 가정폭력 가해자, 아동학대범이라 비난하지 않았다. 그들은 피해자였다. 그들의 사례는 '권력과 자본'에게 책임을 묻는 근거가 되었고, 노동문제에 관심 없는, 혹은 이기적이라고 비난한 사람들의 마음을 돌려세우는 일에 활용되었다. 진보언론은 약자의 편에 서서 이들의 고통을 보도

했다. 여기 이렇게 아픈 사람들이 있다고, 이들 개인의 문제가 아니라고, 해고는 살인이라고. 적어도 진영 안에서는 누구도 여기에 이의를 제기하지 않았다.

그런데 이제 똑같은 글을 가리키며 그를 폭력의 가해자라고 지목한다. 잘못된 사회구조의 피해자라고 했던 사람들 중 누구도 아니라고 말하지 않는다. 똑같은 행위가 지금 문제라면 그때는 왜 문제가 아니었을까? 그때는 피해자성만 보였고, 지금은 가해자성을 발견한 것인가? 그렇다면 둘 중 하나는 필요하다. 인권과 약자 보호를 말하면서 가해자를 피해자로 만들 만큼 인권감수성 부족했던 그때의 자신을 반성하거나, 여전히 이들은 피해자이며 비난이 아닌 치유가 필요한 사람들이라고 주장하거나. 물론 아무도 그렇게 하지 않으며 지금도 그런 기사는 여전하다. 노동자의 정신건강이 위험하다는 기사에서 해고와 같은 조건만 제거하면 그 기사는 고스란히 범죄와 가해의 기록이 된다. 몇 년 후 그들이 아내, 연인, 아이들에 대한 폭력의 가해자로 폭로된다면, 지금의 기사가 그 증거로 활용된다면, 또 그때는 맞고 지금은 틀린 것인가?

피해는 상황일 뿐 정체성이 아니다

나는 그때 쓴 글들을 후회한다. 누군가를 돕고자 쓴 글이 가해의 증거로 쓰였고, 분명 나도 책임이 있는데 해결할 수 없는 상황을 마주하니 무기력했다. 필요할 때는 사람의 고통을 가져다 전시하고, 필요가 없을 때는 아무도 책임지지 않는 상황. 익숙한 광경이다. 그때 그들의 증언을 우리가 옳다고 믿는 진보적인 세상, 인권감수성 높은 세상을 위한 동력으로 썼던 사람들은 이 사태에서 자유로울 수 있을까? 노동운동에 대한 지지를 호소하고, 노조 활동이 정당하다는 홍보의 수단으로 이용한 사람들은? 그때 모두가 정당하다고 믿었던 일이 지금 불의의 증거가 되어 있다. 그때는 구조의 문제이던 것이 지금은 개인의 윤리문제로 남겨졌다.

이 상황에 대해 진보언론과 운동권 모두 침묵한다. 오히려 개인의 윤리를 단죄하는 쪽에 서 있다. 누군가는 그때의 우리에 책임을 느껴야 하는데 책임지는 목소리는 들리지 않는다. 몇 년 전 해고자의 증언을 두고 그저 폭력일 뿐이라고 비난하는 말에 나는 뭐라고 말할 것인가. 지금 진행되고 있는 똑같은 '폭력'에 대해서는 뭐라고 말할 수 있

을 것인가. 그때의 우리는 무엇에 공명했고, 무엇 때문에
아팠던 것일까.

　뒤늦은 후회이지만 다시 그런 글을 쓴다면 나는 누군가
의 고통스러운 증언이 범죄의 증거로 남지 않도록 더 세
심하게 기록할 것이다. 진보나 대의를 위해 구체적인 인간
의 삶을 도구로 삼지 않을 것이며, 당사자에게 당신의 증
언이 되돌아와 당신을 찌를 수도 있다고 말해 줄 것이다.

　약자의 폭력은 구조적 피해 때문이라 면책하면서 가해
자라 규정된 자의 폭력만 비난하는 진보매체의 기사를 보
면, 이 둘이 어떻게 연결되어 있고 자신이 어떤 모순에 빠
졌는지 여전히 깨닫지 못한 듯하다. 약자와 강자, 가해자
와 피해자라는 이분법적인 구도로는 가변적인 상황들을
설명할 수 없다. 피해는 상황이지 고정불변의 정체성이 아
니다. 이를 이해할 때에야 사건의 실체적 진실과 해결방법
을 찾을 수 있다.

　그때의 우리에 대해 돌아보지 않는 한 운동권이든 진보
언론이든 결국 진보의 동력으로 그들의 고통을 이용하고

치워버린 존재로 남게 된다. 여전히 진행형인 또 다른 고통들을 위해서라도 그때는 맞고 지금은 틀린 이 사태에 대해 생각해야 할 때다.

그래도 되는 사람은 없다 1

인기스타들의 죽음은 이제 잠깐 관심을 끌고 말 정도로 일상적인 일이 되었다. 해마다 적지 않은 유명인들이 스스로 목숨을 끊는다. 2019년 하반기에는 매우 큰 인기를 누리던 여성 아이돌 두 명이 한 달여 차이를 두고 잇달아 세상을 등졌다. 사회적으로 큰 충격이었다. 많은 매체가 이 죽음을 두고 수년동안 지속된 악플 때문이라고 보도했다. 여성운동계는 여성혐오 때문에 당한 사회적 타살로 규정하기도 했다. 이런 단정은 매우 위험한 일이다.

한 사람이 생을 마감한 이유에 대해 누구도 함부로 단정할 수는 없다. 그들이 삶을 이어간 동력도, 죽음을 선택한 이유도 우리는 알지 못한다. 아무도 모른다는 사실만이 유일하게 정확하다. 다만 유난히 자살을 택하는 유명인이 많고, 그 원인으로 미디어환경의 변화가 중요하게 거론되는 상황에서 예방조치는 필요하다. 연예뉴스의 댓글란을 폐지하고, 유명인들의 실명 기사에 선별적으로 댓글을 막기도 하지만 대중과 직접 소통하는 인터넷 환경에서는 역부족이다. 개인이 곧 하나의 미디어인 세상에서는 모두가 윤리성과 책임의식을 공유해야 하는데 온라인의 특성상 요원한 일이기 때문이다.

또 하나 간과하지 않아야 할 문제가 있다. 단순 악플러만 정신적 타격을 주는 게 아니라 아니라 이데올로기에 기반한 온라인 공격 또한 유명인 뿐 아니라 누군가의 삶에 타격을 준다는 점이다. 이는 넷페미니즘(net-feminism: 온라인을 기반으로 활동하는 페미니즘 운동)* 운동의 확산으로 생긴 폐해 중 하나다.

수만 개의 화살을 혼자 맞아 보았는가?
　2017년 11월의 한 주는 '애호박 대첩', '애호박 게이트', '페미니스트 대첩', '유아인 대첩'이라는 이름들로 뜨거웠

＊　넷페미니즘 운동은 소셜미디어와 여성 커뮤니티를 중심으로 활발하게 일어났는데, 특히 유명인과 대중문화 콘텐츠에서 여성 혐오적 표현을 고발하는 캔슬 컬처(Cancel Culture) 활동에 중점을 두었다.

다. 다수 대중이 유명 연예인 한 사람을 대상으로 공격성을 드러낸 사건은 이전에도 있었다. 이 사례가 남다른 건 인기를 먹고 사는 약점을 가진 배우가 대중과 맞서면서 일이 커졌고, 많은 진보논객이 그를 향해 날카로운 글을 쏟아낸 점이다. 그들이 가세한 이유는 이 사안이 '페미니즘'과 관련됐기 때문이다. 비평가들이 유아인에게 쏟아낸 글에 대해서는 각자 판단할 일이다. 다만 이 글에서 말하고 싶은 내용은 그들이 기이할 정도로 사소하게 취급하는 어떤 문제에 대해서다.

배우 유아인은 SNS에 올린 글에서 대중의 공격성과 폭력성, 인터넷에서 벌어지는 조리돌림의 폐해에 대해 주로 언급했다. 함부로 말하고, 마음대로 판단하고, 박제해서 조리돌리고, 모욕과 조롱, 인신공격도 마다하지 않는 다수 대중의 공격을 받는 기분에 대해 표현했다. 공격자들을 '폭도'로 규정하는 등의 강도 높은 발언도 했다. 유아인이 소셜미디어에 쓴 글의 한 대목을 보자.

"성별도 실체도 없는 익명들, 하지만 웹상에 쏟아져 눈 앞에 펼쳐지는 언어라고 부를 수 없는 배설물들. 여론을 농단하고 온라인 생태계를 넘어서 사회를 교란하며 진짜 피해자와 사회적 약자들

과 모든 인간의 존엄함, 그리고 숭고한 인권운동의 얼굴에 먹칠을 하는 저 집단의 만행에 감정과 상식과 논리로 대응하는 것이 어리석은 일입니까. 나는 '페미니스트'가 아닌 '조직폭력배'와 싸우고 있습니다. (…) 이 논란은 '익명'의 집단이 '실명'의 개인에게 가하는 명백한 '폭력'입니다. 저들의 언어의 폭력성이 증명하죠. 그리고 저는 손잡이가 없는 칼날과 싸울 도리가 없습니다. 몇몇 온라인 커뮤니티를 거점 삼아 하루 종일 무리 지어 몰려다니며 쏟아내는 인신공격은 인권운동이자 세상에 대한 피해자들의 분노로 조작되고 둔갑하여 세상을 어지럽히고 있습니다."

그러나 진보적인 기자와 논객들은 맨스플레인이라고 비난할 뿐, 정작 유아인이 호소하는 문제는 외면했다.

"저 정도 말다툼은 SNS 유저들 사이 예사로 일어나는 데다 당사자로선 기분 상할 수 있는 표현이었다."

"유아인이 상당수 여성 누리꾼들에게 비난과 조롱을 받은 건 사실이다. 그래서 어쨌단 말인가?"

"누구든 자신에 대한 놀림, 비아냥, 인신공격 등을 당하면 기분이 나쁠 수 있다. 이름이 알려진 유명인일지라도 그에 대해 항의할 수도 있다… 참 대단한 글을 썼다."

이처럼 아주 사소한 문제로 취급하거나 오히려 조롱과

비아냥으로 일관했다. 스스로를 페미니스트라 생각해왔던 유명 남자배우는 이러한 공격이 페미니즘의 이름으로 가해지자 혼란스러웠다.

인권운동이라 생각했던 페미니즘, 평등을 추구하고 인간의 존엄성을 위해 싸운다고 생각했던 페미니스트들이 증오의 언어와 인신공격, 욕설, 패륜적인 공격을 서슴없이 내뱉는지 이해할 수 없었던 것이다. 당시 유아인에게 가해진 소셜미디어 상의 공격은 가히 폭발적이었다. 유아인이 '숭고한 인권운동의 얼굴에 먹칠을 하는 집단적 만행'이라 규정할만큼 표현 수위 또한 높았다.

이에 대해 문제를 제기했지만 남성 페미니스트들은 그가 발언마다 주되게 강조한 부분을 누락했다. 사소해 보여서일까? 페미니스트들은 지금껏 여성들이 제기하는 문제에 대해 "뭘 그 정도 일을 가지고 그래?" 하는 무시와 싸워왔다. "그것은 절대 사소하지 않다"고 외쳤다. 그러한 항변에 공명했던 남성 페미니스트들은 같은 호소를 하는 유아인에게는 조소의 글로 응답했다.

자신들의 정의에 반하는 사람이 당해야 할 응당한 처분

이라 여긴 것일까? 그저 활자일 뿐이니 실제 인간에게 타격을 주지는 않는다고 생각해서일까? 아니면 유명 배우와 힘없는 대중의 대립에서는 그가 강자이니 피해를 좀 입더라도 감수해야 한다고 본 것일까?

그럼 다른 질문을 던져보자.

"당신은 수만 개의 화살을 혼자 맞아 보았는가?"

대중의 공격을 받는 게 어떤 일인지 화살을 쏘는 자들은 맞는 자의 입장을 알려고 하지 않는다. 내가 쏜 화살은 하나뿐이니 상대가 받는 화살의 총합이 수만 개라는 생각도 하지 못한다. 공인이나 권력자라는 라벨이 붙으면 더 많은 화살을 받으면서도 동정의 대상조차 되지 못하고, 여성 아이돌이나 유아인처럼 대중을 직접 상대해야 하는 유명인들은 직업 때문에 고통과 손해를 감수한다.

사람들은 약자의 호소에 귀 기울이는 자신의 모습에 만족한다. 강자와 권력자에게 화살을 쏘아대는 행위가 불평등한 사회의 균형을 잡는 일이라 착각하기도 한다. 자신의 가치관을 기준으로 잘못했다고 여기는 이들에 가해지는 불이익은 응당히 여기고, 반대의 경우만 우려한다. 린치의 방식에 대한 문제의식은 없이 위 남성 페미니스트들처럼 대상이 누구인가만을 문제삼는다.

이처럼 약자의 편에 서 있다는 굳건한 믿음은 누군가의 삶을 해치면서도 그 고통의 크기를 가늠하지 못하게 한다. 가상의 공간에서 쏟아지는 공격이 인간의 실제 삶에 어떤 타격을 주고, 몸과 마음에 어떤 상흔을 남기는지도 알지 못한다. 온라인에서 당하는 공격으로 삶이 파괴되는 사례는 계속 쌓이는 중이다. 유명인, 권력자, 사회적 강자, 누구라도 예외가 아니다. 평범한 직장여성이었던 저스틴 사코 역시 수만 개의 화살을 맞고 쓰러졌다. 다음 편에서 그녀의 사례를 마주해 보자.

온라인이 공동체의 가장 큰 소통 공간이 된 오늘, 이 문제는 누구에게도 사소하지 않다.

그래도 되는 사람은 없다 2

"저스틴 사코가 있어요, 여기"

2013년 연말, 미국의 유명 광고회사 간부로 일하는 저스틴 사코(Justine Sacco)라는 여성이 남아공행 비행기에 탑승하기 전 짧은 트윗을 올린다. "아프리카로 감. AIDS 안 걸렸으면 좋겠어. 농담이야. 나는 백인이거든!" 팔로워는 겨우 170명이었다. 이 트윗 하나가 그녀의 인생을 바꿔 놓았다. 팔로워를 많이 거느린 기자 샘 비들(Sam Biddle)이 그 트윗을 리트윗 했고, 삽시간에 그녀는 전 세계인 앞에 인종차별주의자가 되었다. 그녀의 회사는 사과문을 썼지만 대중은 해고하라고 요구했다.

저스틴 사코라는 이름은 불과 열흘 사이에 122만(!) 번이나 검색되었고 강도 높은 비난에 시달렸다. 그녀는 결국 대중의 공격으로 직장마저 잃었다. 최초로 리트윗한 기자 샘 비들은 자신의 블로그에 이 사건을 포스팅하면서 자신과 대중들이 정의를 수행했다고 믿었다. 그런데 6개월 후 그는 그녀의 이메일을 받게 된다. "저스틴 사코가 있어요, 여기"라는 메일 제목을 읽고 샘은 졸도할 뻔했다. 온라인에서 활자로만 접했던 사람, 자신이 주도해 해고까지 시킨 '악인'이 실제 말을 걸어온 것이다. 그들은 만났고 사건이 일어난 지 1년이 되는 날 샘은 Gawker에 저스틴 사코를 향해 공개사과문을 썼다.

> (...) 그래서 나는 사과했다. 나는 내가 그녀의 트윗을 포스팅해서 그녀를 미디어의 잔혹함과 비참함의 세계로 텔레포트시킨 것에 대하여 사과하였다. (그러면서도 나는 내가 미디어감시 전사로서 비판 작업을 수행하였다는 아이 같은 변명을 되뇌면서 내가 실제로는 미안하지 않다고 나를 확신시키려고 하였다.) 나는 겨우겨우 내가 했던 일이 옳았다고 반쯤 확신시키고 있었는데, 그때 나는 그녀의 얼굴을 보았다. 당신이 인터넷에서 파괴한 누군가에게 미안하다고 말하는 경우가 얼마나 자주 있겠는가? 나는 멍해졌다.*

대중에게 공격받은 사람들, 우리가 외면한 목소리

저스틴 사코가 겪은 일은 우리에게도 낯설지 않다. 정의의 이름으로, 혹은 약자 보호의 명분으로 날마다 사람들

---

* http://gawker.com/justine-sacco-is-good-at-her-job-and-how-i-came-to-pea-1653022326

은 누군가를 공격하고 삶을 타격한다. 어제 공격에 가담한 사람이 내일 공격의 피해자가 되기도 한다. 나 역시 저스틴 사코를 만난 기자처럼 구체적인 인간이 겪는 고통을 마주하기 전까지 내 정의를 성찰하지 않았다. 온라인 공격이 인간의 삶을 어떻게 무너뜨리는지 알게 된 지금 그가 누구든 대중에게 공격받는 모습을 지켜보는 일은 힘겹다.

나는 몇 년 동안 온라인에서 대중의 공격을 받은 사람들을 만나왔다. 시작은 나와 가까운 사람이 겪은 사건 때문이었다. 내가 만난 피해자들은 다양한 처지에 놓여 있었다. 대중을 직접 상대해야 하는 사람도 있고, 평범한 직장인도 있다. 가족이 공격받는 걸 지켜봐야 했거나 그 자신이데올로기에 몰두해 있던 이도 있다.

온라인상의 공격이 이들에게 어떤 상흔을 남겼는지, 공격에 가담한 사람도, 방관자였던 사람도 알지 못한다. 세상은 불의라 낙인찍힌 사람의 이야기는 들으려 하지 않는다. 설사 그(녀)의 행위에 불의가 섞여 있다 해도 한 인간의 삶을 총체적으로 낙인찍는 것은 섣부른 폭력이 될 수 있다.

만일 그들의 목소리를 들을 기회가 있다면 이 폭주를

조금이라도 멈출 수 있을까? 낙관할 수는 없을지라도 그들의 간절한 증언, 고통을 전하는 생생한 언어를 조심스레 내어놓는다. 부디 화살을 쏘기 전에 이들의 목소리를 한 번쯤은 들어주기 바라는 마음에서다. 약자의 편에 서 있다고 생각한다면 더욱.

"화학약품 가득한 가스실에 살고 있는 느낌이에요"

"악플러를 고소하고 싶은 생각이 많았어요. 잡는다고 뭐가 달라질까? 그들의 특성이 상대 안 하면 재미없어하고, 언제든 물어뜯을 거리는 계속 생기니깐 빨리 다른 사건이 터져서 내 사건이 덮였으면 좋겠다고 생각했어요. (사건을 겪고 난 후) 자는데 목이 졸리는 느낌이 들었어요. 몇 번 그러다가 숨이 안 쉬어질 정도로 목이 졸리는 느낌이 와서 아내가 걱정해서 병원에 갔더니 약을 주더라고요. 한 달쯤 그러다가 지나고 나니깐 또 그 증상이 왔어요. 스트레스가 쌓인 상태에서 해결이 안 되니깐 잠도 안 오고, 약을 다시 먹었어요. 항우울제, 불안장애약, 수면제. 더 이상 더 많이 먹으면 안 될 정도로 먹고 있어요." (예술가 A)

"나는 스스로 공인이 아니라고 생각해요. 공인이라는 사전적 의미에는 맞지 않아요. 연예인들이 누리는 호의처럼 팬이 있기 때문에 대중들한테 받는 유무형의 혜택이 있고 그 상태에 맞는 책임은 따른다고 생각하지만 공인의 책임을 지는 건 아니죠. 누군가에게 잘못했다면 그 사람한테 잘못한 만큼만 책임을 지면 되는데, 내가 공인이어서 이런 취급을 받아도 된다는 주장에는 동의할 수 없었어요.

내 경우는 몸으로 영향이 왔어요. 일단 숨을 못 쉬겠는 거예요. 흉부에 압박이 와서 날숨을 못 쉬었어요. 밖에 안 나가려 했고 어쩌다 나가게 되면 공황장애처럼 사람들 안 보이게 땅을 보고 걷고, 사람 많은 쪽을 피하려고 벽에 붙어 다녔어요. 내가 느껴질 만큼 심장이 너무 벌렁벌렁하고 계속 화가 나 있는 느낌이 들었어요. 자살 생각도 했죠. 일주일 정도 지났을 때 4일동안 밥을 아예 못 먹었어요." *(예술가 B)*

"광장에 끌려 나와서 알지도 못하는 사람들한테 돌을 맞는데 나뿐 아니라 가족들까지 끌려 나온 느낌이었어요. 나는 아무리 아니라고 주장해도 아무도 내 말을 듣지 않고. 나를 비방하는 글을 보는 건 화학약품 가득한 유독성 가스실에 살고 있는 느낌이에요. 정신이 피폐해지는 걸 느껴요. 날마다 아침운동하고 잊으려고 노력하고 근근이 버티고 있는 거지 이대로 가면 뇌암이 걸릴 거 같아요. 칭찬만 받고 살아도 어려운데 인간 말종, 인간쓰레기 이런 말을 거의 매일 들으니까. 고소해서 경찰에 가도 그 얘기를 내 입으로 또 해야 돼요.

나를 욕하는 글만 봐도 고통이 오래가는데, 그런 글을 아예 끼고 사는데 그게 어떤 마음인지 몰라요. 분노와 억울함이 가시지 않아요. 약을 먹고 있어요. 불면증이랑 스트레스가 너무 심해요. 견딜 수 없

어서 밖에 나가면 외롭고 아무도 없어요. 그래서 다시 들어오면 또 가스실이에요." *(직장인 C)*

"제일 힘들었던 건 악플이었어요. 익명의 대중들이 성추행범, 파렴치범, 여성한테 폭력이나 일삼는 사람으로 매도하고 블로그에 악플이 삼 백 개쯤 달렸어요. 너무 많은 사람들이 그러니까 그들은 절대다수고 저는 혼자니까 어떻게 할 수가 없어 너무 막막했어요. 나중에 분위기가 좀 가라앉은 후에 악플러들한테 하나하나 댓글을 달았어요. 제 글을 비공개로 돌렸더니 고소하겠다는 말을 접한 악플러들이 자기가 무슨 댓글을 썼는지 알려달라고 해요. 절반 정도는 사과를 보내왔어요. 제가 원했던 건 고소 이전에 면대 면 대화를 하고 사과를 받고 싶었어요. 익명의 대중들한테, 자기가 그때 한 개인에게 무슨 짓을 했는지 자각하고, 가능하면 나한테 사과하면 좋겠다고 생각했는데 그나마 일반인들이 진보운동을 하는 사람들보다는 나았어요." *(직장인 D)*

"비난 글을 다 읽어봤어요. 그때 마음은 짜증이 났어요. 진심으로 다 이해해보려는 마음으로 읽어봤고 노력했어요. 그러다가 ○○○ 죽어라, 빻은 한남충 이런 거 읽으면 의식이 흐려져요. 그걸 하루에 한 삼십 번 정도 왔다 갔다 하다 보니까 두통이 왔어요. 그래서 한의원에 가서 머리에 침을 맞았어요.
처음 (온라인 공격) 사태가 나고 비난 글을 읽을 때는 이렇게까지 짜증이 나지는 않았어요. 그때는 그게 실수라고 생각 안 했는데 지금은 이게 뭐지? 한 번 끝까지 해봐? 하는 마음이 들기도 해요.

새로운 사람을 만나는 게 싫고 눈 마주치는 게 무서워요. 나를 설명해도 안 먹힐 거 같고, 설득하고 싶은 마음은 없고, 아군도 짜증 났고. 내 편을 들어준다는 사람들이 상대한테 똑같이 모욕하고 조롱하는 태도도 싫었어요." *(예술가 E)*

"대중을 상대로 돌을 맞는 게 어느 정도의 벌인지를 그 사람들은 몰라요. 십만 명한테 비난을 받는다는 건, 그게 저를 죽이지는 못할지라도 감당할 수 없는 비난이거든요. 인터넷 문화에 익숙했던 나도 이 정도로 힘들 줄은 몰랐어요. 글을 써서 수만 명한테 까이는 것과 내 삶을 두고 비난받는 건 달라요. 훨씬 더 심각했어요. 심지어 사적으로 알거나 나를 칭찬하고 좋아했던 사람들한테 당신은 왜 함께 비난하지 않느냐며 십자가 밟기를 시켰어요. 나와 연락하는 자체만으로 비난을 받는다고 했어요.

근대사회라는게 범죄를 저질렀다 하더라도 교화를 받고 사회에 재통합을 시켜야 하는데 네티즌들이 죄에 대해 양형 기준으로 삼은 것은 추방이에요. 단순히 내가 활동하는 영역에서의 추방이 아니라 인간관계까지 다 끊어버리는, 사실상 공동체 전체로부터의 추방을 원한다고밖에 볼 수 없어요. 공격의 총합은 엄청나게 큰데 개인은 잘못이 없어요. 자기는 게시판에 글 하나 쓴 것 뿐이니까." *(작가 F)*

"이 일이 생기고 나서 '어? 그거 다 끝난 거 아냐? 아무 일도 아니었잖아?' 이런 얘길 많이 들어요. 끝났다니… 당사자는 아무것도 못하고 있는데… 사람들은 그걸 몰라요. 당사자가 겪는 피해는 남들이 생각하는 것의 거의 수백 배예요. 사회적인 재갈부터 시작해서 상처가 정말 상상 이상이라는 걸 느꼈어요. 가족이 아니었다면 이렇게까지 고통이 큰 줄 몰랐을 겁니다. 저한테는 굉장한 교훈이었어요. 처음 온라인에서 매도당할 때 진짜 답답했던 게 살인자도 자기변론을 하는데 세상에… 이 마녀사냥은 어떤 기회도 주어지지 않아요. 이렇게 말도 안 되는 경우가 어디 있나요. 상대의 어떤 말도 듣지 않는 이 현상이 너무 기이했어요. 어떤 말을 하면 또 꼬투리를 잡히고, 말을 하면 할수록 더 나쁜 놈이 되어버리는 상황. 말 자체가 허용이 안 되는 걸 보면서 모순이라고 생각했어요." (피해자의 가족 G)

그래도 되는 사람은 없다

저널리스트 존 론슨(Jon Ronson)은 수년간 세계를 돌아다니면서 저스틴 사코와 같은 온라인 공격의 피해자들을 만났다. 같은 일을 겪은 사람들은 매우 많았고 날마다 생겨났다. 사람들은 그들이 괜찮다고 생각하길 원하지만 실상은 그렇지 못했다. 대중의 공격에 노출된 사람들은 누구라도 모두 심하게 상처받았다. 우울증, 불안감, 불면증에 시달리며 자살을 생각했다. 그는 말한다. 이것은 사회적 정의가 아니라고.

"우리가 법정 드라마를 볼 땐 주로 마음씨 착한 피고측 변호사에게 공감하곤 합니다. 하지만 권력을 가지는 순간 우린 교수형을 내리는 재판관처럼 굴죠. 권력은 순식간에 이동합니다. (…) 이제 권력을 남용한 사람을 찾지 못할 때 우리는 이상하게도 공허함을 느끼기 시작했습니다. (…) 소셜 미디어의 좋은 점은 소리 낼 수 없는 사람들에게 소리 낼 수 있게 해주었다는 것입니다. 하지만 지금 우리는 감시사회를 만들고 있습니다. 살아남기 위해 가장 좋은 방법은 다시 침묵하는 것입니다. 우리 그러지 맙시다." (Jon Ronson의 테드 강연)*

저스틴 사코의 트윗을 세상에 알리면서 샘 비들은 그녀의 인생을 망칠지 모른다는 생각을 하지 못했다. "만일 당신이 포스팅했던 사람들 모두와 얼굴을 맞대고 앉아 있게 된다면, 그들 중 얼마나 많은 사람에 대해 다시 포스팅을 할 수 있겠느냐"고 그는 묻는다. 당신이 공격하는 대상이 눈앞에 있다면 조롱과 모욕의 언어를 들려줄 수 있겠는가?

집단적 린치는 동료시민의 삶을 돌이킬 수 없는 나락으로 떨어뜨린다. 일생동안 회복 불가능한 상처를 안고 살아가야 한다. 누구에게나 삶은 한 번뿐이고 소중하다. 정의라는 이름으로 행하는 우리의 린치가 부수고 있는 건, 정작 불의가 아니라 구체적 인간의 삶과 존엄이다.

---

* 존 론슨(Jon Ronson). '온라인상의 모욕이 통제를 벗어날 때 생기는 일'. 2015년 6월. TED. http://www.ted.com/talks/jon_ronson_what_happens_when_online_shaming_spirals_out_of_control?language=ko)

그러니 부디 조리돌림에 동참하지 마라. 품격 있는 말, 예의 바른 태도, 합리적인 비판으로도 우리는 정의를 수행할 수 있다. 존중의 정신과 윤리성을 놓지 않으면서도 논쟁에 참여하고 책임을 물을 수 있다. 당신이 쏘는 화살은 인터넷이라는 가상의 공간에 있지만, 그 화살을 맞는 건 현실 세계에 존재하는 실제 인간이다. 그들도 당신처럼 맞으면 아프고, 공격하면 상처받는다. 당신의 생각보다 많이 아파한다.

온라인 공격, 이것은 사회정의가 아니다. 그게 누구든 세상에 그래도 되는 사람은 없다.

3

갈등하는 남녀,
흔들리는 개인

세상의 절반을 위함으로 진정한 평등을 이루겠다는 선의가
이토록 집약된 상황인데, 왜 점점 성별 갈등과 대립은 깊어질까?
이를 성평등한 사회를 거스르는 반동의 물결로 취급한들
해결될 수 있을까? 이제 근본적인 질문을 던져야 할 때다.

너는 틀렸다고 하면 끝인가

한 젊은 여성이 자신의 소셜미디어에 페미니즘을 비판하는 글을 올려 화제가 됐다. 주된 논리는 여성은 언제나 약자가 아니며 모든 피해가 오직 여성이라는 성별 때문이라는 주장은 왜곡된 피해의식이라는 내용이었다. 여성이 페미니즘을 공개적으로 비판하는 일은 드물다보니 어떤 사람인지 궁금했다. 보수진영의 칼럼니스트라고 한다.

그녀의 글에는 지지와 동의의 의견도 간혹 있었지만 비난과 조롱이 많았다. 주로 진보진영으로 분류되는 사람들이었다. 이들은 주장에 대해 논박하기보다 "하도 어이가 없어 어디서부터 어디까지 까야할지 모르겠다"는 말로 비난했다. 어디서부터 어디까지 깔지 모르겠으면 할 필요가 없는 말이고, 깔 테면 하나하나 차근차근 비판하면 될 일이다. 이런 식의 표현은 생산적인 논의를 차단한다.

타인의 생각과 주장이 나와 다를 때 우리는 어떤 태도를 보이는가? 어떤 태도를 보여야 하는가? 내 반대진영에 있는 사람의 옳은 주장에 대해서는 어떤가? 진영도 반대이면서 어리석어보이기까지 하는 주장에 대해서는? 아마 그 견해를 비웃고 한껏 조롱하면서 그러한 주장에 동조하는 반대진영의 사람들을 조소할 것이다.

그러나 내가 보기에 잘못되고, 무식하고, 대꾸할 필요조차 못 느끼는 주장, 어이없고 어리석어 보이는 주장에 왜 이토록 많은 사람들이 동의하고, 지지하고, 심지어 찬사까지 보내는지 이해할 필요를 못 느낀다면 영원히 진영논리 안에서 사는 길밖에 없다.

여성운동과 여성주의도 마찬가지다. 너무나 당연한 모순이 존재하는데 이를 부정하거나 모르는 주장들이 한심해 보일 수 있다. 그 사람들이 이 세상의 소수라면 좋겠지만, 안타깝게도 현실은 그렇지 않다. 당신의 주장을 다수로 만들려면 위 여성과 같은 페미니즘 비판자를 설득하고 그들의 문제제기에 성실하게 답해야 한다.

'왜 남자 때리는 여자 이야기는 하지 않는가?', '왜 여자는 늘 피해자라고만 생각하는가?', '남자의 성욕은 제어하기 어렵지 않은가?'

이러한 질문들은 사소하고 정치적으로 올바르지 않다고 느낄 수 있다. 그러나 일고의 가치도 없다며 일축할 일은 아니다. 이데올로그가 아닌 대중들은 이런 의문과 불만을 흔하게 가지고 있기 때문이다. 가부장제 사회에서 여성이 구조적인 피해자인 것도 모르는 멍청이라 비난한다고 해서 문제가 해결되지는 않는다. 성실하고 예의바른 태도로 답하는 것은 운동가의 사명이다.

만일 이를 계속 도외시 한다면 해소되지 않은 물음은 제대로 답도 안 하면서 무시하고 계몽만 하는 사람들에 대한 분노로 변해 어느 순간 발산된다. 그것이 투표일 수도, 일베일 수도, 여성혐오일 수도, 남성연대일 수도 있다. 미국에서는 트럼프 대통령의 두 차례 당선을 계기로 진보적인 계몽가들과 워키즘(Wokeism)*의 폐해에 대해 분석하

---

* 한국의 PC주의 운동과 같은 것으로, 미국에서는 '깨어있다'는 표현 woke를 사용한다.

는 글이 꾸준히 나오고 있다. 왜 대중들이 어리석어 보이는 주장에 동조하고, 옳은 주장에 등을 돌리는지 성찰해 보라는 이야기다.

나와 '다른' 주장에 답할 때

위 여성 필자가 쓴 글 가운데 가장 비난받은 말은 "살아보니 '오로지 내가 여자라서' 겪는 억압이니 억울함 같은 건 정말 1도 없더라"는 대목이었다. 이 주장에 대해 "네가 차별을 당해보지 않아서 모른다"는 비난은 초점부터 다르다. 그녀의 주장은 한국이 여성에 대한 억압이 없는 사회라는 게 아니라, 따옴표로 강조했듯 모든 억압과 억울함을 '오로지 여자라서' 겪는 억압이나 억울함이라고 주장하는 것에 대한 반박이었다.

그녀는 이런 설명도 해 놓았다. "억압과 차별을 1도 안 받아본 인생이란 게 어디 있을까. 오로지 여성이라는 그 하나의 이유로 억압받는 일은 없었다는 의미고 그건 대다수 여성도 마찬가지다." 그러나 비판자들은 '뭐? 여성억압이 1도 없다고?'에만 머문다. 의도적인 무시다.

근래에 부상한 페미니즘 운동이 내건 '여자라서 당했

다'는 주장에 대해 이 여성은 문제의식을 가졌다. 여러 내용을 반박하며 의문을 던졌다. '이 사회에서 여성이 겪는 문제들-성희롱, 여성범죄, 가사 노동, 미적 기준 등-은 대부분 여성이라는 단일한 억압의 문제가 아니며, 권력의 개입, 개인의 자존감 등 여러 부분이 있다'는 것이다.

또한 '여성주의가 강력범죄자의 수를 줄이는 데 실질적 기여를 하는가?' 물으며, 여성주의가 남성에 대한 혐오 수준으로 저평가 되는 것과, 구조적인 문제와 더불어 개인 차원의 책임 영역에 대한 무시들에 대해서도 우려를 표했다. 그녀는 성실하게 페미니스트의 주장을 반박하고 반론을 폈다. 이런 문제제기가 단순히 '쓰레기'로 치부할 만큼 의미 없는 것일까? 그리고 이런 생각을 가진 사람이 비단 이 여성뿐일까?

주장한 후에는 답해야 하고, 차근차근 설득해야 한다. 근본적인 지향이 서로 다르다 해도 경청하고, 통할 만한 지점이 있다면 그것대로 인정하는 태도도 필요하다. 태초부터 아는 사람은 없다. '앎'이라는 건 경험과 인식이 계속 변화하면서 확장되는 과정이다. 지금까지 많은 운동가들이 책을 통해, 친구와 선배를 통해, 경험을 통해 그런 깨달음의 과정을 거쳤고, 다른 이의 가치관에 계속 자극을 주면서 사회운동을 해왔다. 삶의 한 국면에서 당신의 친절한 대답과 설득 한 마디가 누군가의 가치관을 변화시킬 수 있다.

유치하고 사소한 물음들, 적대적이라 생각하는 진영의 사람들이 가진 나와 다른 주장들에 어떻게 답할 것인가. 대중을 바보 취급하지 않고, 나도 바보가 안 되려면 어떻게 해야 하는지 답답한 마음이 들 때면 내 삶의 어떤 순간 가치관에 변화를 주었던 말과 사람을 떠올려본다.

살면서 나도 누군가에게 그런 자극을 줄 수 있는 사람이라면 좋겠다. 개인인 나도 그런 사람이 되고, 여성주의도, 진보진영도 우리 사회의 구성원들에게 그런 자극이 되는 존재였으면 한다.

너는 틀렸다고만 하지 말고.

『82년생 김지영』이 말하지 않은 이야기
여성을 피해서사의 주인공으로만 둔다는 것

2015년부터 서점가는 페미니즘 관련 서적이 꾸준히 쏟아져나왔고 베스트셀러 목록 상위를 차지했다. 그 가운데 『82년생 김지영』은 출간 2년만에 백만 부가 넘게 팔린 밀리언 셀러인데다 영화로도 제작되었고, 지금까지도 꾸준히 회자되는 화제의 책이다. 이 책은 김지영이라는 82년생 여성(책이 출간된 2016년 기준 35세) 주인공이 태어나 사는 동안 겪은 여러 종류의 성차별을 실제 통계자료를 근거로 풀어낸 소설이다. 픽션이라 해도 통계와 당시 언론 기사들을 곳곳에 배치한 구성 때문에 현실 고발 논픽션처럼 취급된다.

이 책에 대한 주변의 반응은 여성, 남성 불문하고 두 종류였다. '여자라면 누구든 공감하지 않을 수 없는 이야기

다'와, '사례가 좀 극단적이어서 공감이 덜하다. 실제 이 정도까지는 아닌 거 같은데….'

소설인 듯 소설이 아닌 이 책이 궁금해서 읽어보았다. 어떤 면이 공감이 되는지, 공식 통계를 근거로 쓴 사례에 왜 극단적이라는 평가가 나오는지, 본문에 언급한 통계와 기사들의 원본 자료를 직접 찾아보았다. 그 덕에 『82년생 김지영』이 말하지 않은 이야기와, 어딘가 찝찝하다고 말했던 여성들이 느낀 불편함의 이유를 알게 됐다.

딱 거기서 끝낸 이야기

김지영 씨가 졸업하던 2005년, 한 취업정보 사이트에서 100여 개 기업을 조사한 결과 여성채용 비율은 29.6퍼센트였다. 겨우 그 수치를 두고도 여풍이 거세다고들 했다. 〈동아일보〉

같은 해 50개 대기업 인사담당자 설문조사에서는 '비슷한 조건이라면 남성 지원자를 선호한다'는 대답이 44퍼센트였고, '여성을 선호한다'는 사람은 한 명도 없었다. 〈연합뉴스〉

책의 한 구절이다. 2000년대 중반 우리 사회의 성차별 지수를 적나라하게 드러내는 문장이다. 내가 만난 여성도 저 대목을 읽고 우울해졌다고 했다. 나도 그랬다. 어떻게 단 한 명도 없을 수가 있을까. 어떤 질문으로 구성되었는지 궁금해 원본 기사를 찾아보았다. 2005년 7월 11일자 〈연합뉴스〉를 받아쓴 〈한겨레〉 기사다. 기사의 전문은 이렇다.

'신입사원 채용 시 외모 · 성차별 여전'
(...) '여성을 선호한다'는 응답자는 단 한 명도 없었다.

'남성이든 여성이든 상관없다'는 응답은 56%였다. 취업지망생 529명을 대상으로 실시한 설문조사에서도 전체 응답자의 68%가 '성적이 비슷할 경우 남자가 유리할 것'이라고 답한 반면 '여자가 유리할 것'이라는 응답은 9.1%에 그쳤다.

또 '비슷한 조건이라면 외모가 나을수록 유리하다'는 응답 비율이 인사담당자의 경우 50%를 차지했고, 취업지망생의 경우 '외모가 채용에 영향을 미친다'는 응답이 94%에 달했다.

'비슷한 성적이라면 명문대 출신을 선호하느냐'는 질문에는 인사담당자의 74%가 '상관없다'고 답했다.

수도권 대학 출신과 지방대 출신 간 업무 능력에 차이가 있느냐는 질문에는 76%가 '별 차이가 없다'고 답했고 '이런 차이가 있더라도 신입사원 채용에는 영향을 미치지는 않는다'는 응답이 80%를 차지했다.

반면 취업지망생의 경우 80.2%가 '비슷한 성적이라면 명문대 출신이 취업에 유리할 것'이라고 답했고 '수도권 대학 출신과 지방대

출신 간 차이가 채용에 영향을 미칠 것'이라는 응답도 76%를 차지했다.

'학업성적이 실제 업무능력으로 이어지느냐'는 질문에는 인사담당자의 70%가 '관계없다'고 답했다. (...)　　　　〈서울/연합뉴스〉

소설은 "'여성을 선호한다'는 응답자는 단 한 명도 없었다"로 끝나지만 기사에서는 바로 다음에 "남성이든 여성이든 상관없다"는 응답은 56%였다'는 구절이 이어진다. 인사담당자 56퍼센트가 같은 조건이라면 남성이든 여성이든 관계없이 채용하겠다는 의견을 말했음에도, 여성 선호가 한 명도 없었다는 구절만 언급하고 거기서 끝낸다. 여성들은 절망한다.

통계를 활용한 기사는 자세히 들여다볼 필요가 있다. 특히 언론은 극단의 수치를 뽑아 선정적으로 활용한다. 위 기사에서 볼 수 있듯이 원 설문조사에서는 취업준비생과 실제 인사담당자들의 인식 차이를 들여다볼 수 있다. 성별, 외모, 학벌, 지방대, 졸업 유무 등 여러 요인에 관한 질문을 통해 취업준비생이 느끼는 불안감이 현실과는 간극이 있으며, 실제 필요한 준비가 무엇인지 조언하는 내용이다. 그런데 기사는 '성별, 외모차별이 여전하다'를 타이틀로 뽑는다. 실재하는 차별을 입증하는 조사가 아니라 인식을 알아보는 설문인데도 그렇다. 이 기사의 선정적인 구절은 다시 『82년생 김지영』의 본문처럼 심각한 성차별 사회라는 주장의 근거로 활용된다.

어느 대목을 강조하느냐에 따라 글의 뉘앙스는 달라진다. 적어도 56퍼센트에 달하는 사람들은 성별 선호 없이 공정하게 채용하려고 노력하고 있으며, 학벌보다는 실력, 창의력 등을 중요시 여긴다고 답했다. 또 남성을 선호한다는 44퍼센트 답변 역시 들여다보면 남성이 여성보다 낫다는 우열의 개념은 아닐 것이다. 여성들 자신이 절실하게 경험하고 있는 경력단절이라는 리스크. 결혼, 출산, 육아로 인한 인재 공백의 우려를 기피하고자 하는 기업의 현실적 고민을 반영한 답이라 보는 게 합리적인 추론이다.

통계 속에 숨겨진 이야기
『82년생 김지영』속 다른 예를 하나 더 들어보자.

입사부터 지금까지 남자 동기들의 연봉이 쭉 더 높다는 것도 알게 되었는데… 대한민국은 OECD 회원국 중 남녀 임금격차가 가장 큰 나라다. 2014년 통계에 따르면, 남성임금을 100만원으로 봤을 때 OECD 평균 여성임금은 84만 4천원이고 한국의 여성임금은 63만 3천원이다.

또 영국 「이코노미스트」지가 발표한 유리천장 지수에서도 한국은 조사국 중 최하위 순위를 기록해, 여성이 일하기 가장 힘든 나라로 꼽힌다.

한국의 성별 임금격차가 세계 최고 수준이라는 통계는 사실이다. 그런데 이 통계 또한 들여다보면 우리가 알지 못했던 다른 문제들이 있다. 82년생 김지영들의 현실을 전면으로 다룬 〈한겨레〉의 기사를 보자.

'육아 해결할 길 없어 일 포기'

82년생 김지영들의 좌절

남성 경제활동참가율 93.4%지만

여성은 독박육아 탓에 59.8%뿐

동년생 남성보다 월급 67만원 적고

아이 낳으면 사실상 퇴사 내몰려

부모가 아들과 차별 없이 공부시킨 세대

대졸 고학력으로 사회에 나왔지만

여성에게 덧씌워진 겹겹의 굴레에

2017년 대한민국의 김지영들은 오늘도 힘겹다

(…)

'김지영들'은 성별에 따른 교육기회의 차별이 거의 사라진 시대에 태어나 고학력으로 사회에 첫발을 내디뎠지만 결혼과 출산을 거치며 두 명 중 한 명은 일과 가정의 양립을 포기한다. 전업주부의 삶을 선택하더라도 성취감은 사라지고 자존감은 무너져 우울감에 시달린다. 직장을 계속 다니더라도 남성보다 적은 임금을 받으며 육아 책임자로서 하루하루 버텨내며 살아간다.

(…)

근속기간, 노동시간 등을 따지지 않고 단순비교할 경우, 김지영들의 월평균 임금은 219만원으로, 82년생 남성(286만원)보다 67만원 적었다. (2017. 11. 15일자 〈한겨레〉)

우리가 접하는 성별 임금격차의 의미는 같은 일을 하고도 여성은 남성의 60퍼센트밖에 못 받는 것으로 이해하기 쉽다. 많은 사람들이 그렇게 생각하고 그렇게 주장하는 여성주의자들도 있다. 하지만 사실을 들여다보면 좀 다르다.

위 기사에서도 언급했듯 성별 임금격차는 '근속기간, 노동시간 등을 따지지 않고 전체 여성임금과 남성임금의 평균을 단순비교한 임금의 격차'다. 또한 출산과 육아휴직이 보장되고 고용이 안정된 공공부문의 통계는 포함되지 않아 격차 감소의 요인이 누락된 이유도 있다. 미국의 월급비교사이트인 〈PayScale〉은 경력, 교육, 기업의 규모, 직책(job title)까지 변인으로 통제한 상태에서 성별 간 임금 격차를 다시 분석했을 때 의사의 경우 4.6퍼센트까지 줄어들었다는 보고서를 발표했다. 파트타임 패널티가 없는 약사의 경우 성별임금격차가 거의 없었다.

이처럼 변수들을 통제한 후 분석하면 성별임금격차는 상당히 줄어든다. 한국의 여성정책 전문가도 설명되는 차이들을 해결해도 남는 4퍼센트 정도의 격차를 언급한다. 이 4퍼센트의 남성프리미엄이야말로 해결하기 어렵다고 말한다. 임금격차를 강조하는 매체들일수록 이런 이야기는 의미 있게 다루지 않는다.

'남성의 경제활동참가율 93.4%인데 여성은 독박육아 탓에 59.8%뿐'이라는 기사 내용처럼 경제활동 참가자 수가 훨씬 많고, 임금에 큰 영향을 미치는 노동시간과 근속기간에서 여성과 남성은 차이가 크다. 이런 변수들을 통제한 후 나온 결과가 본래 의미로는 정확하지만, 통제되지 않은 변수들에서 성별격차의 주요한 요인들을 알 수 있으니 이 또한 의미가 없는 건 아니다. 최근 한국 고용노동부의 통계는 남녀임금의 평균값이 아닌 중위값 비교로 바뀌었다고 한다. 그래도 여전히 임금격차는 비슷한 수준으로 나온다. 성별임금격차 발표는 각 국가들이 국제기구에 제출한 통계자료에 근거하는데, 나라별로 산출기준이 다르기 때문에 평면적 비교로는 정확한 분석이 되기 어렵다. 더 정확한 통계자료가 필요하다.

여성관련 통계 해석의 오류 이야기

2017년 통계청이 주최한 '통계바로쓰기 공모전'에서는 성별 임금격차 통계의 오류를 지적한「대한민국의 성별 임금격차에 숨겨진 진실」이 1위를 차지했다. 2위에 당선된 세 편 중에도「한국 남녀 임금격차 꼴찌 통계의 왜곡 해석」이라는 주제가 포함되어 있다. 중위값과 평균값의 단순비교 오류, 남성의 근로시간과 근속연수 등 주요 변수 누락, 20대는 성별 임금격차가 거의 없다는 사실 등을 지적하고 있다.

강력범죄 피해자의 89퍼센트가 여성이라는 통계는, 성범죄가 발생건수가 적은 살인, 강도, 방화 등의 범죄와 함께 강력흉악범죄 카테고리로 포함되어 점유율이 높게 나온 결과이다. 남성 피해자가 많은 폭행, 상해, 감금 등이 포함된 일반강력범죄는 별도 카테고리로 존재한다.

1등	**대한민국 성별 임금 격차에 숨겨진 진실**
2등	OECD 국가 내 한국의 항생제 사용량 통계의 왜곡 해석된 활용
	과연 근로자의 임금보다 세금이 더 많이 증가했을까?
3등	**세계 성 격차 보고서의 왜곡 및 확대 해석에 따른 오용**
	한국 남녀 임금 격차 꼴찌 통계의 왜곡 해석
	남북 경제성장률 8년 만에 역전되나?
	일차원적으로만 바라본 개별소비세 통계 기사
	여성 취업에 대한 편향적 통계 이용 및 왜곡 해석한 사례
격려상	'성인남성 10명중 8명 데이트폭력 가해자' 보도 속 통계의 왜곡 해석된 활용
	'데이트 폭력' 기사 속 왜곡된 통계로 부풀려지는 불안감
	'고위직 여성공무원의 비율'과 그 속에 '숨겨진 진실' (수정본)
	'정확한 범죄문제인식' 강력범죄의 89%여성 피해자 그 속에는...
	저출산의 원인은 과연 여성들의 출산 기피때문일까?
	성인남성 둘 중 한 명은 성매매 경험자?

2017년 통계청 보도자료 재구성

통계청의 공모전에는 여성 관련 통계에 대한 왜곡과 오류를 분석한 응모작이 다수 수상을 했다.「세계 성격차 보고서의 왜곡 및 확대 해석에 따른 오용」,「데이트폭력 기사 속 왜곡된 통계로 부풀려지는 불안감」,「정확한 범죄문제인식: 강력범죄의 89% 여성피해자 그 속에는」,「고위직 여성공무원의 비율과 그 속에 숨겨진 진실」,「저출산의 원인은 과연 여성들의 출산 기피 때문인가?」등이다. 여성문제가 사회적 이슈가 되다보니 많은 통계들이 대중에게 노출된 영향일 것이다. 수상작의 내용에서 알 수 있듯 기존의 통계들과, 이 통계를 근거로 한 보도를 통해 사회문제를 인식하게 되면 현실에 대한 왜곡의 문제가 생겨난다. 통계의 왜곡과 오류가 청년남녀의 갈등으로 이어지고, 사회의 문제가 되는 나쁜 순환구조가 만들어지는 것이다.

『82년생 김지영』에서 언급한 한국의 유리천장 지수가 세계 최하위를 기록했다는 '이코노미스트' 통계의 경우도, 유리천장 지수를 분석하는 요인들이 무엇이고, 함께 비교된 다른 나라와 우리와의 중요한 차이는 무엇인지까지 들여다봐야 정확한 의미를 해석할 수 있다. 비교 국가들에 비해 한국은 산업화의 후발주자이고 여성의 사회진출이 그만큼 늦게 시작되었다. 국가별 특성을 고려하지 않은 평면적인 비교를 근거로 『82년생 김지영』처럼 여성이 일하기 '가장' 힘든 나라라고 규정하는 건 비약에 해당한다. 미국만 해도 유급 육아휴직제도가 아직 극히 일부 주에서만 시행되고 있다. 한국은 여성이 일하기에 여전히 부족한 면이 있지만 변화하고 있고, 노력하는 국가다.

성별 임금격차의 중요한 원인은 경력단절 문제다. 비정규직, 최저임금, 장기근속자 중심의 임금체계, 육아와 출산에 대한 지원 모두 여성의 임금에 영향을 미치는 중요한 요소들이다. 이 모든 것들이 맞물려 있기 때문에 다양한 문제들이 개선되어야 노동시장 안에서 여성이 겪는 어려움도 해결 된다. 정부는 여성의 경력단절문제를 심각하게 인식하고 있으며 이에 대한 대책을 마련해서 시행하고 있다. 그 정책들이 실제 문제를 해결하는 데 집중되기 위해서는 사태에 대한 정확한 분석이 기본이 되어야 한다.

자신이 강조하고 싶은 내용이나 목적에 부합하는 통계만을 취사선택한 주장들을 많이 본다. 운동가들과 정파적인 미디어가 흔히 쓰는 방식이다. 단순하고 선명한 구호, 간결하고 압축된 문장을 위해 많은 것을 생략하기도 한다. 그러나 그 방식이 불러오는 반동과 부작용에 대해서는 얼마나 진지하게 성찰하고 있을까?

동료시민과 대결할 것인가, 함께 해결할 것인가?

극단적인 수치를 강조해 실제 존재하는 차별을 왜곡되게 인식하고 분노와 불안, 대결을 자극하는 방식은 사회구성원들의 연대의식을 해치고 배제에 대한 분노를 만든다. 여성을 언제나 피해서사의 주인공으로만 두는 일은 여성 자신에게 이로운 일이 아니다. 스스로를 변화의 주체와 동력으로 인식하기보다 피해자라는 정체성과 불행한 현실 속에 가두게 된다.

'남성 경제활동참가율 93.4%지만 여성은 독박육아 탓에 59.8%뿐'이라는 표현의 성별 비교는 여성의 피해사실을 강조한다. 93.4퍼센트라는 숫자에는 여성이 독박육아를 하는 동안 가계를 책임지기 위해 '독박노동'하는 남성들이 포함된다. 93.4퍼센트도, 59.8퍼센트도 자발적인 선택인지 비자발적인 감수인지 알 수는 없다. 경제활동에 참가하고 있는 93.4퍼센트의 남성들이 원했던 삶이 무엇인지, 독박육아중인 59.8퍼센트의 여성들이 이 삶을 싫어하는지도 우리는 알 수 없다. 그저 피해자로서 여성, 여성보다 우월한 지위의 남성이라는 대립구도만 남는다.

함께 연대해 문제를 해결할 동료시민을 피해자/가해자 구도로 인식하게 하는 한 공존의 해결방식을 실행하기는 어렵다. 혐오와 대립이 쌓여 일어나는 성별 대결 사건들을 우리는 계속 목격하고 있다. 남성 중심 사회의 구조적인 피해자는 여성이라는 사실만큼, 우리는 함께 공존할 수밖에 없는 공동체의 성원이라는 것도 부인할 수 없는 현실이다. 중요한 것은 누구도 배제하지 않은 이야기가 필요하다는 점이다.

모든 여성이 취업과 재취업을 원하지는 않는다. 남성도 마찬가지다. 자신의 선택으로 취업 대신 전업주부의 삶을 택한 여성도 많다. '결혼'은 여전히 여성의 퇴사 이유 상위에 해당한다. 여성이 모두 경제활동에 참여하는 것을 정상의 상태로 가정하면 그렇지 않은 삶은 비정상적인 것이 되고, 그녀들의 욕구는 중요하게 다뤄지지 않게 된다. 그게 더 행복하기 때문에 경제활동에 참여하지 않는 여성들이 있다. 그러나 82년생 김지영 이야기는 많이 들을 수 있지만, 전업주부의 삶에 만족하는 다른 김지영들, 가족을 위해 성실하게 일하고 아내의 고통을 이해하고 도우려는 김지영의 남편, '79년생 정대현'들의 이야기는 들을 수 없다.

국가는 여성이든 남성이든 사회구성원들이 최대한 원하는 방식으로 살 수 있도록 노력할 의무가 있다. 일과 가정을 양립하고 싶은 사람은 그 욕구대로, 그중 하나를 선택하고 싶으면 그것대로 정책이 설계되어야 한다. 어떤 성별이 어떤 선택을 하든 국가는 그에 따른 불이익이 없도록, 국가의 생산성이 아니라 개인의 삶이 행복한가에 맞춰져야 한다. 성별 임금격차 문제에는 그러한 관점이 결여되어 있다.

대결보다는 해결 중심의 사고를 우선으로 하는 변화가 필요하다. 그러기 위해서는 솔직하게 패를 꺼내놓아야 한다. 주장에 유리한 44퍼센트만 보여줄 것이 아니라, 56퍼센트라는 비차별적인 수치를 함께 보여줄 때 구성원들이 있는 그대로의 현실을 같이 인지할 수 있다. 필요에 따라 왜곡하고 거짓말을 한다는 오명을 굳이 감수할 이유는 없다. 과장한다고 해서 더 중요한 문제가 되는 것도 아니고, 솔직하게 보여준다고 해서 결코 사소해지지 않는다. 분노는 대상과 초점이 정확할 때 변화의 동력으로 작동한다. 그렇지 않은 분노는 증오사회의 거름으로 쌓일 뿐이다.

강의에서 만난 『82년생 김지영』을 읽고 우울했다는 젊은 여성은 56퍼센트가 성별에 관계없이 채용하겠다고 답한 사실을 알게 된 후 위안이 되었다고 했다. 딸아이를 낳고 육아휴직 후 직장에 복귀한 그녀는 내 딸이 살아갈 세상이 여전히 불행할 거라는 생각에 우울했지만, 그게 다가 아니라는 사실에 안도했다. 이런 우울과 불안을 여성들에게 안겨줄 필요는 없다. 우리 사회는 여전히 부족한 숫자들을 가졌지만 괜찮은 숫자들도 꽤 보유하고 있다. 왜곡된 선동을 하는 사람들, 목적을 위해 불의한 수단을 사용하는 사람들, 결과를 책임지지 않는 극단주의자들이 우리를 대표하게 해서는 안 된다.

82년생 김지영들뿐 아니라 모든 구성원들의 이야기가 솔직하고 정확하게 드러날 때, 누구의 이야기도 배제되지 않고, 어떤 문제도 사소하게 취급하지 않으면서 우리는 한 발 더 나아갈 수 있다.

페미니즘 제자리 찾기

　2015년에 시작해 2016년부터 본격적으로 확산된 페미니즘 운동의 특징은 온라인을 기반으로 활동하고 확장된 점이다. 페미니스트들 스스로 이 운동을 '대한민국 넷페미(net-femi)史'라고 칭하며 중요한 역사로 기록하고 있다. 나는 빠르게 확산된 이들의 운동에 대해 비판적인 글을 써왔다. 그래서인지 페미니즘에 대해 왜 그렇게 비판적이냐는 질문을 종종 받는다. 나의 비판은 페미니즘이라는 이데올로기 자체보다는 사회보편의 규범을 넘어서는 행위와 이를 약자의 정당한 행동이라 엄호하는 진보진영(진보언론, 진보정당, 진보지식인)을 향한 것이었지만, 그런 질문을 받을 때마다 첫째, 기본권을 후퇴시키고, 둘째, 인간의 구체적인 삶에 타격을 주며, 셋째, 반지성주의를 강화하기 때문이라고 답했다. 정확하게는 페미니즘이 아니라 현재 페미니스트들의 행위에 대한 비판으로 선을 그었다. 물론 페미니즘이라는 이데올로기에 내재된 모순과 문제점들도 많다.

반론과 비판이 차단된 대한민국 페미니즘

여성의 권익신장을 목표로 한 부문 운동이었던 페미니즘이 보편의 권리 운동으로 지위를 부여받은 것은 근대 인권 논리에 맞지 않는 사안들을 발굴하고 바로잡는 역할을 했기 때문이다. 여성의 참정권 보장, 성적 자율성 침해에 대한 제도적 규제가 대표 사례다. 그러나 최근 페미니스트들은 기본권의 실질적 보장을 강화하기보다 이를 후퇴시키는 주장을 펴고 있다.

성범죄에 한해 여성에게는 무고죄의 적용을 예외로 둔다거나, 성범죄 가해자에 대해 법리에 근거하지 않은 가중처벌을 요구하거나, 무차별적인 폭로로 사적인 린치를 가하는 행위를 옹호하는 일들이다. 형사 사건에서 특정 성별에만 특권을 부여하는 일은 공정하게 재판을 받을 권리, 동등한 법률적 지위를 보장받을 권리라는 기본권을 위협한다.

'범죄자에게도 인권이 있다'는 말은 기본권의 보장을

위해 우리 사회가 지켜온 원칙이다. 그런데 미투운동 시기 한 진보매체는 성범죄자에 한해서는 이 원칙에 대해 사회적 논의가 필요한 시점이라며 기사의 해시태그를 통해 도발적 문제제기를 했다.* 성범죄자의 신상 공개와 화학적 거세를 요구하는 대중들과 엄벌주의에 맞서 인간 보편의 권리를 설득해온 건 진보의 몫이었다. 지금은 달라졌다.

특히 넷페미니스트(net-feminist: 온라인을 기반으로 활동하는 페미니스트)들은 소셜미디어라는 도구를 활용해 폭로운동을 주도해왔다. 가이드라인도, 검증장치도 없는 폭로는 부작용이 따랐다. 유명인부터 일반인까지 온갖 개인들이 폭로의 대상이 되어 삶에 타격을 입었다. 법치를 기반으로 한 근대민주주의 사회에서 죄형법정주의와 무죄추정의 원칙은 쉽게 부정당하고, 온라인 즉결심판과 명예형이 정의롭고 정당한 처벌의 지위에 올라섰다. 한 번 무너진 삶은 회복될 수 없는데 아무도 책임지는 사람은 없다.

이런 세상이 된 데에는 페미니즘에 대한 반론을 허용하지 않은 반지성주의의 역할이 컸다. 합리적인 토론과 치열한 논쟁으로 합의점을 찾아나가야 할 개념들이 일방적으

로 규정됐다. '여성혐오'가 대표 사례다. 낯선 개념에 대해
의문을 제기하면 '모르면 공부하라'거나 '이해가 안 되면
외우라'는 핀잔이 돌아왔다. 페미니스트들 자신도 Q&A
식 대응을 모범답안으로 권장하는 운동을 벌였다. 이런 말
에는 이렇게 대꾸하라며 공격적으로 쏘아붙이는 매뉴얼
북이 페미니즘 입문서로 인기를 얻었다. 한 여성단체는 여
성혐오 논란을 겪은 정치인의 사과문을 빨간펜으로 첨삭
해 다시 발표했다.** 공개적인 면박이다.

대중문화 콘텐츠의 가치를 결정하는 기준은 여혐(여성
혐오)이 되었고, 진보매체들은 페미니즘에 비판적인 글을
거절했다. 여성문제에 관한 한 자신들만이 개념을 독점하
고 평가자가 될 수 있다는 오만함, 반론과 비판의 차단을
당연하게 여기는 반지성적인 풍토가 지난 수년 동안 한국
사회를 지배했다. 처음 목격하는 광경들이었다.

도전받는 페미니즘

2016년 메갈리아에서 분화한 극단적인 여성주의 그룹
워마드(WOMAD)가 탄생했다. 남성혐오와 여성우월주의
를 표방한 워마드의 반사회적인 행위가 지탄의 대상이 되
면서 이들의 운동을 페미니즘으로 보아야 하느냐는 질문

* "'그 놈 성범죄자야' 귀띔해줬다가 벌금 300만원", 노컷뉴스, 2018년 3월 16일자.
** 여성민우회 '표창원 의원의 시국풍자 전시회 관련 입장문에 대한 첨삭지도', 2017년 1월 24일.

이 등장했다. 질문을 바꿔보자. 왜 페미니즘은 그런 것이 아니라고 말하고 싶어하는가?

워마드류의 나쁜 짓을 페미니즘과 분리하려는 마음에는 페미니즘을 지키고 싶은 전제가 있다. 대중들이 생각하는 페미니즘은 남녀평등을 위한 운동이다. 보통의 사람들은 보편인권의 가치에 동의하기 때문에 이 운동에 선의를 갖는다. 한편으로 진보진영은 페미니즘을 기본권의 지위에 두는 착각을 해왔다. 성평등, 인권 같은 개념과 동일시했기 때문이다.

그러나 페미니즘과 남녀평등·성평등·인권은 같지 않다. 이들이 같다는 주장은 예를 들어 마오이즘과 인간해방은 똑같은 것이라고 말하는 경우에 해당한다. 마오이즘은 인간해방이란 무엇이며 이를 어떻게 실현해야 하는가에 대한 하나의 주장이다. 마찬가지로 페미니즘도 남녀평등이란 어떤 것이며 어떻게 실현되어야 하는가에 대한 하나의 주장이다. (물론 페미니즘만이 남녀평등에 대해 유일하게 타당한 이데올로기라고 주장하는 사람도 있다.)

그동안 페미니스트들은 "천 명의 페미니스트가 있으면 천 개의 페미니즘이 존재한다"고 주장하며 개념에 대한 평가와 의문을 일축해왔다. 선의의 의문에 대해서도 좋고 나뿐 페미니즘이란 없다며 페미니즘 '감별'을 비난했다. "우리는 모두 메갈이다" 선언은 낙인에 대한 저항뿐 아니라 페미니즘이라는 이데올로기 자체에 대한 이론적 차원의 대응이기도 했다.

즉, 페미니즘은 원래 그런 것이다. 테러를 일삼는 ISIS도 이슬람이듯, 무장투쟁을 선택한 민족주의자가 존재하듯 극단적인 여성우월주의도 페미니즘의 한 형태다. 이들의 급진적(때론 반사회적인) 투쟁방식은 세계적으로도 볼 수 있는 현상이다. 그래서 워마드가 페미니즘인가 아닌가 하는 질문은 사실 무의미하다. 지금 한국은 극단적 노선의 페미니즘이 주류로 등장했다는 사실을 이해하면 된다. 운동가가 아니라면 남녀평등, 성평등, 인권과 같은 개념을 계속 소중하게 여기면 되는 일이다. 지켜야 할 것은 가치이지 페미니즘이 아니다.

지금은 적극적으로 논쟁하고, 비판받고, 선택당하거나 도태되는 이데올로기의 장에서 페미니즘이 자신의 지위를 찾아가는 과정이다. 본래 이런 과정은 지식인들의 격렬한 논쟁이 필수인데 이번엔 대중들의 반발과 관심으로 촉발됐다. 식자층이 주도한 이데올로기의 장에서는 페미니스트들의 논리가 힘을 얻었다. 그러나 보편의 규범과 상식이라는 기준을 맞닥뜨린 지금은 다르다. 이데올로기의 장에서 남성혐오는 존재할 수 없는 것이지만, 현실 규범의 장에서 여혐과 남혐 모두 모욕과 명예훼손으로 처벌되듯이 말이다.

예전의 페미니즘은 기존의 권위와 질서에 도전하는 주체였지만 이제 페미니즘은 도전받는 주체가 되었다. 2020년 숙명여대에 입학하려던 트랜스젠더 학생이 학내외 페미니스트들의 집단괴롭힘 끝에 입학을 포기한 사례에서 보듯, 약자, 피해자, 질문자, 책임과 변화를 요구하는 주체로서의 위상은 바뀌었다. 그녀들이 던졌던 질문이 그녀들을 향해 돌아오고 있는 상황이다. 논쟁과 비판이 활발하게 오가는 공론장이 절실하게 필요한 이유다.

지난 수년 동안 적어도 페미니즘의 영역에서 공론장은 제 기능을 발휘하지 못했다. 우리사회의 남녀가 갈등하게 된 이유를 꼽으라면 나는 페미니즘을 비판의 성역으로 만든 언론의 편향과 이로 인한 공론장의 부재를 꼽는다. 다음 장에서 그 사례들을 다룬다.

진보언론이 '약자'를 소비하는 방법

2018년 1월, 현직 여성검사가 실명으로 자신의 성폭력 피해사실을 폭로했다. 한국사회를 흔든 미투(metoo)운동의 시작이었다. 서지현 검사의 미투를 시작으로 2018년 2월 6일에는 최영미 시인의 미투폭로가 있었다. 최영미 시인의 폭로는 2016년부터 소셜미디어에서 진행된 문단 내 성폭력 고발운동의 연장에 있다. 진보적인 매체들은 일제히 미투운동을 지지하고 나섰고, 연일 미투 관련 기사를 지면에 실었다. 온라인판에는 하루에도 여러개씩 기사가 올라왔다.

"최승자, 박서원, 최영미, 문단에서 타살당한 그 이름"
최시인의 미투가 있고 난 후 <오마이뉴스>는 2월 12일에 "최승자, 박서원, 최영미, 문단에서 타살당한 그 이름"이라는 기사를 보도했다. 시민기자의 주장 글을 온라인 지면의 전면에 배치한 것이다. 부제는 "피해자는 잊히고, 가해자만 건재한 #문단_내_성폭력... '미투'를 응원한다"로 달았다. 기사의 내용은 여성문인으로 문단에서 활약한 최승자, 박서원 시인이 병마에 시달리거나 쓸쓸한 죽음을 맞았지만 세상은 이 사실을 모른다는 것이다. 탁월한 재능을 가진 시인이자 여성이었던 그녀들의 불행한 삶은 자의가 아니었으며, 죽음 또한 사회적 타살이라고 강하게 주장했다.

　이 기사의 문제는 다른 사안을 같은 문제로 섞어 독자의 판단을 왜곡하는 데 있다. 성폭력 피해사실을 폭로하는 일과 여성시인의 불행한 삶은 다른 이슈다. 최승자, 박서원 시인의 불행한 삶과 죽음은 최영미 시인의 미투와 개연성이 없는데도 기사는 이를 '문단에서 타살당한 여성들'이라는 선정적이고 극단적인 제목을 쓰고 있다. 문단의 누가 이들을 살해했나?
　문학계의 양극화는 비단 여성작가만의 문제가 아니다. 소수의 작가만이 전업 글쓰기로 생계유지가 가능할 뿐, 대다수 작가들은 주변부 일을 병행하며 겨우 문학인으로서 명맥을 유지하고 있는 게 문단의 냉혹한 현실이다. 가난하고 병들어서 고통 받거나 죽은 시인은 여성들만이 아니다. 가난한 예술가들에게 국가가 최저선의 생계를 보장하라는 운동을 벌이는 것도 이 때문이다. 그러나 해당 기사는 이렇게 말한다.

> "문단이 여성 문인들을 공식적으로 쫓아내거나 몰아냈다는 구체적인 정황을 나열할 수 없는데, 이는 당연한 일이다. 왜냐하면 차별과 억압, 폭력은 그와 같이 공공연하게 자행되지 않기 때문이다. 그것은 사적인 영역에서 매우 은밀하게, 무시와 배제를 무기로, 약자성을 타깃 삼아서, 오랜 시간 교묘하게 이루어진다. 그 과정에서 피해자는 침묵하고 자책하다가 무기력해지고 종국에는 흔적 없이 사라진다."

최승자 시인과 박서원 시인에 대한 문단의 차별과 억압, 폭력은 공공연하게 자행되지는 않았으나 매우 은밀하게 진행되므로 근거는 제시할 수 없다는 것이다. '타살', '살해'와 같은 말을 내세웠으나 이는 사실이 아니다. 그런데도 근거는 없지만 어쨌든 이들은 타살당한 것이라고 주장한다. 가난하고 불행하게 살다가 소리 소문 없이 사라진 많은 문인들이 있다. 이들 가운데 여성 문인에 대해서만 문단의 차별과 억압과 폭력으로 타살 당했다고 말하는 것은 사실상 논리가 없는 주장이다. 오히려 문단은 두 시인의 불행과 죽음을 안타까워하고 있다. 기사 안에서도 등장했듯, 박서원 시인의 죽음을 안타까워하며 알린 이도 문단의 어른으로 불리던 故황현산 선생이었다.

기사는 "남성 연대의 득세에 떠밀려서 이름도 없이 소멸한 여성 예술인의 비보를 다시는 듣고 싶지 않다"고 한다. 두 시인의 소멸이 남성 연대의 득세 때문이라는 근거 없는 주장의 반복이다. 이런 논리의 비약은 새삼스럽지 않다. 오마이뉴스는(오마이뉴스뿐 아니라 진보매체 모두가 비슷하다) 페미니즘 이슈만 나오면 판단력이 흐려진다. 기자들의 페미니즘적 성향과 함께, 약자를 위한다는 진영의 지향성이 작용하기 때문이다. 시민기자의 기사라 해도 선택하고 편집해서 전면에 배치하는 것은 매체의 몫이다.

"나는 2012년 김기덕감독 때문에 정신병원엘 갔다"

2018년 9월 11일자 <미디어오늘>에는 "나는 2012년 김기덕감독 때문에 정신병원엘 갔다"라는 기사가 실렸다. "그 때 미투 운동이 일어났다면 자신은 병원에 가지 않았을 것"이라는 부제를 달았다. 이름이 알려진 올드 페미니스트의 기고 글이었다. 제목을 본 순간 김기덕 감독에 대한 미투 폭로가 또 제기된 줄 알았다. 독자들 대부분 그렇게 읽었다. 그러나 기사의 내용은 미투나 성범죄와 무관했다. 오래전 김기덕 감독의 영화 '피에타'를 보고 여성으로서 느낀 불쾌감과 모독에 대해 글을 썼으나 다른 평론가에게 반론을 당했고, 그 과정에 여러 일들이 겹치면서 심신이 망가져 결국 정신병원에 입원했다는 개인적인 서사였다.

기고자는 자신을 김기덕 감독의 피해자라 규정했다. 위 글에서 글쓴이의 정신병원 입원과 김기덕의 가해 사실을 연결할 인과관계는 없다. 그러나 매체가 제목을 위와 같이 달면서 기사의 내용을 읽지 않은 독자는 김기덕 감독이 또 다른 성범죄를 저질렀다고 단정하게 된다.

"제가 바로 탁현민의 그 '여중생'입니다"

"제가 바로 탁현민의 그 '여중생'입니다". <여성신문>이 2017년 7월 25일 보도한 기사의 제목이다. 적어도 공신력 있는 미디어라면 그런 기사 제목이 범죄라는 것, 업계의 금도를 넘어선 수준이란 것 정도는 알고 있었을 것이다. 목적을 위해서라면 인권의식, 상식, 타인의 권리를 무시하는 매체의 타이틀이 여성이라는 사실이 오히려 부끄러울 따름이었다. 많은 사람들이 이 기사의 제목에 문제를 제기했다.

논란이 일자 여성신문은 "그 '여중생'은 잘못이 없다-'탁현민 논란'에 부쳐"로 기사 제목을 수정했다. 그러나 수정한 제목 또한 문제다. 해당 글을 기고했다는 그 여중생과 탁현민 당시 청와대 행정관은 애초 아무 관련이 없기 때문이다.

탁 행정관은 여성신문을 상대로 소송을 제기했고, 2017년 7월, 1심에서 1천만 원 배상판결을 받아냈다. 여성신문은 즉각 항소하겠다고 발표했다.

"해당 기고문은 실제 성폭력 피해 여성이 자신의 어린 시절 경험을 담은 글입니다. 이번 판결은 사실상 성폭력 피해생존자들을 침묵하게 만들 수 있다는 점, #미투운동과 같은 최근의 사회 변화에 역행하는 판단이라는 점, 언론의 표현의 자유를 침해할 우려가 있다는 점 등을 들어 부당한 판결이라고 판단합니다." (〈여성신문〉의 항소이유 입장문)

여성신문은 사과하거나 반성하지 않았다. 실제 성폭력 피해 여성의 경험에 관련 없는 탁현민의 이름을 연결시키는 행위는 표현의 자유 문제가 아니라 인권에 대한 침해다. 이는 어떤 사회 분위기에서든 해서는 안 되는 일이다. 범죄적인 제목을 붙여 타인의 권리를 침해한 여성신문의 행위가 처벌받는 일은 성폭력 피해 여성들을 침묵하게 만들지 않는다. 매체 스스로 성찰하고 제대로 보도하면 되는 일에, 사안과 무관한 성폭력 피해 여성들을 끌어들이는 행위가 오히려 부당하다.

해당 기사는 탁현민이라는 인간에 대한 권리 침해뿐 아니라 '여중생'을 선정적으로 소비하는 제목이기도 하다. 여성을 기사의 선정적인 소재로 이용한다는 비판을 늘 해왔던 매체가 자신의 선정성은 돌아보지 않는다. 언론에게 더 많은 표현의 자유를 용인하는 것은 국민의 알권리를 충족하고 공익에 기여하라는 이유다.

여성신문이 해당 기사를 발행했을 때 "여성신문은 탁현민에게 사과해야 옳다"라는 기사*가 발행됐다. 해당 기사의 마지막은 이렇게 마무리된다. "메이저의 사악함은 추하고 마이너의 사악함은 부끄럽다." 보수매체인 조선일보의 여성기자 박은주의 칼럼이다. 여성신문 기사의 제목을 읽으면서 나도 부끄러웠다.

---

* 박은주. "여성신문은 탁현민에게 사과해야 옳다", 조선닷컴, 2017년 7월 26일.
https://www.chosun.com/site/data/html_dir/2017/07/26/2017072601624.html

편향은 부메랑이 되어 돌아온다

진보매체들이 페미니즘 이슈를 다루는 태도에는 불편부당함이라는 원칙이 없다. 자신들 먼저 이데올로기의 필터를 장착한 채 기사를 쓰고, 기고를 받고, 인터뷰를 한다. 매체를 막론하고 차별적인 사유가 보이지 않는다. 다름이나 깊이, 사회전체를 아우르는 통합적 사고나 공론화에 대한 책임의식도 안 보이기는 마찬가지다.

지금 진보매체들은 페미니스트와 페미니즘을 절대선, 정의, 약자, 인권의 개념에 도식적으로 집어넣고 그들의 스피커 노릇을 하며 기본권의 자리에 페미니즘을 놓으려 한다. 인간의 구체적인 삶을 타격하는 일에 동조하고 때론 앞장서면서, 언론 본연의 임무인 공론의 장은 만들지 않는다. 공정함을 상실한 편향은 부메랑이 되어 돌아온다. 이는 편들고 싶은 대상에게도 유리하지 않다. 한결같음과 게으름은 다르다.

기자 개인과 매체가 특정 이데올로기에 가까울 수 있고 지향하는 가치도 당연히 있을 수 있다. 그렇다 해도 자신들이 지향하는 바를 위해 개연성 없는 사실을 엮어 주장을 펴는 일은 주의해야 한다. 같은 성격이 아닌 사건을 최대한 범주를 늘려 섞어버리면, 동일한 지향을 가진 진영의 주장을 실어 나르는 대자보가 된다.

'기울어진 운동장'이라는 말을 좋아하지 않지만 성별 이슈에서 진보매체들의 기사들이야말로 그렇다. 기울어진 운동장을 바로 잡는다며 또 다른 편향을 만드는 건 기울어진 운동장을 하나 더 만드는 결과가 될 뿐, 균형을 위한 조치일 수 없다. 불공정을 해소하고 갈등을 해결하기 위한 불가피한 편향이라는 진보매체들의 주장에 동의하는 사람이 과연 얼마나 될까?

불공정과 갈등은 오히려 증폭됐다. 진보언론이 '약자'를 소비하는 방법은 효과성 면에서도, 정의의 측면에서도 명백하게 실패한, '나쁜' 편향이다.

단단한 개인을 길러내는 교육[*]

"왜 여자아이들은 운동장을 갖지 못하지?"

2018년 1월 6일, 청와대 국민청원게시판에는 '초·중·고 학교 페미니즘 교육 의무화' 청원이 올랐다. 이 청원은 만료기간인 2월 5일, 21만3,219명의 서명으로 마감됐다. 청와대는 20만 명 이상이 참여한 청원에는 답변을 하기로 한 방침에 따라 2월 27일 국민소통수석이 직접 답변을 했다. 답변의 요지는 이렇다.

'사회 전반의 성차별 인식과 문화가 바뀌어야 한다는 것에 동의하며, 현행 양성평등 교육은 양적, 질적으로 부족하므로, 연내에 초중고 인권교육 실태를 조사하겠다. 2018년 교육부 예산 12억을 활용해 통합적 인권교육에 필

[*] 2018. 7. 4. 수원시평생학습관 웹진 〈와〉 기고문 수정 보완.

요한 교수, 학습자료를 개발해서 보급하겠다.'

페미니즘 교육 의무화 청원은 짧은 기간에 20만 명을 돌파했다. 이 청원이 올라오게 된 계기는 혁신학교인 서울의 한 초등학교에서 일어난 페미니스트 교사의 발언 때문이었다. 해당 학교의 최 모 교사는 한 인터넷 매체의 인터뷰에 등장해 "초등학교 운동장은 여자아이들의 것이 아니에요. 축구하고 노는 건 다 남자아이들이에요. 왜 여자아이들은 운동장을 갖지 못하지? 왜 저 뛰어노는 신체적인 활동의 장을 남자아이들이 다 전유해야 하지?"라고 발언했다.

이 인터뷰가 화제가 되면서 반대 여론이 올라오기 시작했다. 해당 교사의 신상정보와 과거 발언들이 인터넷 커뮤니티에 퍼지면서 인신공격이 이어졌고, 소셜미디어 계정과 블로그의 발언을 캡처해 그녀가 남성혐오 발언을 하고 있는 성차별 교사라는 근거들이 제기됐다. 수업시간에 퀴어축제 동영상을 보여주었다는 이유로 보수 성향의 학부모 단체는 항의 기자회견을 열어 파면을 요구했다.

여성계와 진보진영이 대응에 나섰다. 진보매체들은 이 사건을 일제히 보도했다. 페미니스트 교사와 혐오세력의 대결로 갈등 구도를 분석한 후, 한 초등학교 페미니스트 교사가 일베 등 한국사회 혐오세력의 마녀사냥식 공격을 당하고 있는 상황으로 보도했다. 전교조는 최 교사의 페미니즘 교육 발언을 지지하고, 명백한 교권침해 상황이라며 보수단체와 네티즌을 상대로 법적 대응에 나서기도 했다.

민주당의 일부 의원과 여성단체, 진보정당들은 최 교사 지지성명을 내고 교사 지지모임을 결성했다. 이후 인터넷을 중심으로 "#우리에게는_페미니즘_교사가_필요합니다" 해시태그 달기 운동이 벌어졌고, 급기야 청와대 청원에까지 오르게 된 것이다. 그렇다면 이들의 주장대로 페미니즘 교사를 양성하고 페미니즘 교육을 제도화하면 더 이상 이런 갈등이 벌어지지 않을까?

페미니즘의 현재

몇 달 동안 진행된 이 사건의 전개 과정은 교육현장의 페미니즘 문제뿐 아니라, 페미니즘을 대하는 우리 사회의 현재를 상징적으로 보여주었다. 한쪽에서는 페미니즘 교육을 제도화하라 요구하고, 다른 쪽에서는 이를 반대한다. 사태의 원인에 대한 분석도 다르다. 한쪽에서는 페미니즘

교육이 없었기 때문에 이런 일이 벌어졌다 주장하고, 반대
쪽에서는 페미니스트 교사가 자신의 이데올로기를 학생
들에게 일방적으로 주입하다 벌어진 사건이라고 생각한
다. 진보매체들과 최 교사 지지진영은 이 사건의 대립구도
를 인권·진보·성평등을 원하는 세력 대 보수·우익·반동
성애 혐오세력의 대결로 규정했다.

　문제는 여기서부터다. 이 사건은 그동안 이어온 성별
대결의 연장에 있다. 그것이 교육현장의 문제로까지 확대
된 것일 뿐, 본질적인 구도는 다르지 않다. 이들의 분석과
진단은 맞는 것일까? 페미니즘 교육을 제도화하면 더이상
이런 갈등은 벌어지지 않을까? 이 질문에 답하기 위해서
는 먼저 몇 가지 문제들을 넘어서야 한다.

모호한 개념이 가져온 아이러니

　"과연 페미니즘은 무엇인가?" 페미니즘을 둘러싼 갈등
에는 이 질문이 늘 내포되어 있다. 2015년 "#나는_페미니
스트입니다" 선언 운동이 벌어졌을 때 일부 페미니스트는
이 선언에 동참하지 않는 남성들을 공개적으로 비난했다.
그들은 '페미니즘이 별다른 게 아니다. 성차별에 반대한다
면 당신도 페미니스트다.'라고 주장하며 동참을 요구했다.

이러한 비난 방식은 위험하다. 예를 들어 우리는 타인에게 '나는 마르크스주의자임을 선언하라'고 종용하거나 동의하지 않는 운동에 강제 소속되도록 요구하지 않는다. 어떤 '이데올로기'에 동의하는 일은 개인의 판단이며 양심과 사상의 자유 영역에 있기 때문이다. 또한 스스로 페미니스트라 규정하지 않아도 성차별에 반대하고 성평등에 동의할 수 있다.

혐오 개념에 대해서도 마찬가지다. 우리는 혐오라는 개념에 대해 아직 사회적 논의를 시작하지 못했다. 그간 인식하지 못했던 개념을 정립하고 이해하도록 설득하는 과정 없이 혐오의 범위를 광범위하게 늘려놓으니 혐오자가 양산된다. 혐오를 없앤다며 혐오로 맞서니 혐오의 총량이 늘어 오히려 혐오사회가 되어버리는 아이러니가 생겼다.

페미니스트들의 주장 안에서도 페미니즘의 개념은 일관되지 않다. 사회적 약자인 여성의 권리신장을 위한 운동이라고 정의하다가, 넓고 보편적인 개념인 인권과 평등이 곧 페미니즘이라고 하기도 한다. 사안에 따라 개념이 이리저리 바뀌고 확장된다. 그러다 보니 인권과 평등교육을 하는 것과 페미니즘 교육은 어떻게 다르며, 왜 별도의 페미니즘 교육이 필요한가, 라는 질문이 생긴다. 대중들은 개념부터 혼란스러워한다.

이분법적 대립구도

최 교사가 제기한 학교 운동장 사용 문제를 보자. 그녀는 "왜 여자아이들은 운동장을 갖지 못하지? 남자아이들의 전유물이 되어야 하지?"라는 질문으로 접근했다. 가진 자와 못 가진 자, 빼앗은 자와 빼앗긴 자, 피해자와 가해자라는 이분법적 구도로 사안을 바라보는 데서 나오는 접근방식이다.

이 사건이 보도되자 댓글에는 "여자아이들은 운동장에서 노는 걸 싫어한다", "남자아이들 없는 여중과 여고 운동장도 비어 있다"는 증언이 잇따랐다. 학교 현장에서 여자아이들의 운동장 사용을 금지하는 일은 없다. 해당 학교에서도 아이들 사이에 운동장 사용을 두고 갈등이 있었던 것은 아니다.

여자아이들이 운동장을 사용하지 않는 것은 운동에 대한 선호가 남자아이들보다 적고, 다른 형태로 친구들과 어울리기 때문이다. 페미니즘은 이 또한 사회적인 학습의 결과라고 주장하지만, 어떤 행위의 선택이 사회적 문제라고

하려면 당사자들이-자발적이든 비자발적이든-이 선택으로 인해 고통받거나 부당하다고 여길 때 설득력을 갖는다.

운동장을 전유한 남자아이들 때문에 여자아이들이 고통받는지, 남자아이들이 운동장을 독점하기 위해 여자아이들을 억압하는지, 무엇보다 여자아이들이 선호하지 않고, 차별의 결과로 인식하지 않는 것을 페미니즘의 논리에 따라 차별이라고 주장하는 것이 옳은지에 대한 설명이 부족하다. 만일 여자아이들도 성장 과정에서 필요한 신체적 활동을 고르게 해야 한다는 관점으로 운동장 사용을 유도했다면 이 문제가 성별 대결의 장에 오르지는 않았을 것이다. 왜 그렇게 하지 못했을까? 합리적인 분석을 통해 해결방법을 찾기보다 페미니즘이라는 이데올로기의 프리즘으로 결론을 내린 후 상황을 그에 꿰어맞추기 때문이다.

흑백논리에 갇힌 여성문제

여성문제 관련한 갈등 사안에서 반복되는 문제 중 하나는, 단일하지 않은 사람과 의견들을 단일한 갈등의 전선으로 묶어버리는 일이다. 이분법의 틀 안에 가두면 다른 의견과 해석의 여지가 봉쇄된다. 여기에는 진보매체와 단체들의 책임이 크다. 어떤 사안이든 이를 둘러싼 다양한 견해가 있고, 이해관계에 따라 판단의 기준이 다르기 때문에 갈등의 구도는 복합적이다.

그러나 진보매체들은 사안을 보도하면서 정작 아이들의 의견, 학부모들의 의견을 들어보려 하지 않았다. 남초 커뮤니티의 신상털이와 보수우익 단체들의 개입을 근거로 '정의로운 페미니스트 여교사 대 반동적인 혐오세력의 탄압'으로 단순한 전선을 만들었다. 비단 이 사건뿐 아니라 그동안의 여성 관련 이슈에서 이 전선만을 부각시켜 왔다.

보수우익의 주장에는 반대하지만 학습권을 걱정하고 교사의 성 대결적 관점에 문제를 제기한 학부모는 혐오세력인가? 어린 학생들에게 교사의 이데올로기를 주입하는 교육행위에 우려를 표하는 모든 대중이 성차별주의자여서 그럴까? 흑백논리 속에 가두면 합리적인 문제제기가 들어설 자리는 없다. 단일한 전선으로 묶인 양 진영은 서로의 가장 극단적인 행위를 전면에 내세워 상대방을 악마화한다. 갈등은 해결되지 않고 증폭된다.

낙인찍힌 분노가 혐오로 돌아온다

한국사회에서 지금처럼 페미니즘이 화두가 된 일은 없

었다. 그와 더불어 유례없는 성별 전쟁사회가 시작됐다. 누구도 원하지 않았고 예측하지 못했던 급속한 변화다. 세상의 절반을 위함으로 진정한 평등을 이루겠다는 선의가 이토록 집약된 상황인데, 왜 점점 성별 갈등과 대립은 깊어질까? 이를 성평등한 사회를 거스르는 반동의 물결로 취급한들 해결될 수 있을까? 이제 근본적인 질문을 던져야 할 때다.

지식인들은 성별 대결의 원인을 강자인 남성과 약자인 여성의 구도로 본다. 여성들이 그간 당해왔던 차별에 대해 저항하기 시작하니, 우월한 지위를 위협받은 남성들이 여성혐오와 같은 백래시(반동)로 이를 억압한다는 주장이다.

이들이 놓치고 있는 것은 지금 성별 대결의 당사자가 청년세대이며 연령대가 점점 내려가면서 확산되고 있는 점이다. 적어도 그간 성차별 구도의 수혜를 누려온 구세대 남성들이 반발한다면 기득권 세력의 역공이라는 주장이 설득력을 갖겠지만, 지금 청년세대는 남성으로서 기득권을 누려온 경험적 인식이 없다. 단지 남자라는 이유로 강자이며 기득권자라는 구도를 받아들이지 못한다.

근대적인 개념의 평등과 인권을 교육받았고, 페미니즘 세례를 받은 부모 아래서 특별히 특혜를 누린 경험이 없는

데도 자신을 기득권자라 하니 반발하는 것이다. 교육과 취업시장에서 여성과 동등하게 경쟁하고, 고용불안과 실업의 시대에 불안정한 노동자 신분인 자신들이 어째서 구조적 가해자이며 강자에 기득권자라는 말인가?

이 물음이 해소되지 않은 채 번번이 성차별주의자, 여성혐오자라는 낙인이 돌아오니 이들의 분노는 진짜 여성을 향하기도 한다. 거기에 인터넷 커뮤니티 문화의 선정성과 주목경쟁까지 더해져 서로에 대한 극단적인 혐오가 온라인상에서 끝없이 표출된다. 이 전쟁을 어떻게 끝낼 수 있을까?

사유의 힘을 가진 '단단한 개인'

교육의 목적은 동등한 학습기회를 제공하고, 아이들이 행복하고 올바르게 성장해 공동체의 시민이 되도록 하는 것이다. 우리는 살면서 수많은 갈등 상황을 접한다. 민주주의 사회에서 갈등은 필수다. 사회적으로 충돌하는 사안들을 보면서 나는 어떤 판단을 내려야 할지 혼란스럽다. 그 과정에서 꼭 필요한 것이 사유하는 힘이다.

가치 지향이 다른 구성원들의 갈등을 해결하기 위해서는 상충하는 주장들에 대해 권리, 공정성, 자유, 이익, 고통, 행복, 효율과 같은 개념들을 가지고 토론에 참여해야 한다. 다양한 권리주체들의 주장을 경청한 후, 권리의 논증과정을 거쳐 자신의 판단에 탄탄한 근거를 갖도록 하는 교육이 필요하다. 그런 사유의 결과로 페미니즘을 자신의 이데올로기로 선택하는 것과, 이미 편이 나뉜 대립구도에서 내가 속한 진영의 주장으로 페미니즘을 흡수하는 것은 다르다. 여자아이가 없는 운동장 문제에 대해 이러한 관점의 교육으로 접근했다면 어땠을까?

원론적인 이야기일 수밖에 없지만 빠르면서 해결 가능한 다른 방법이 없다. 다시 기본권부터, 인권의 개념, 다른 의견을 가질 권리, 갈등을 대하는 민주시민의 태도를 가르치고 배우는 길 뿐이다.

20세기 대표적인 전기작가 슈테판 츠바이크(Stefan Zweig)는 카스텔리오의 전기 『다른 의견을 가질 권리』에 이런 구절을 남겼다.

"단 한 명의 독자적인 인간이 자신의 영토 안에 똑바로 살고 있어도 독재자는 근심 없이 지낼 수 없는 법이다."

독자적으로 사유하는 인간이 가진 힘을 잘 표현한 말이다.

단단한 개인들의 총합이 결국 민주사회를 지탱하는 힘이다. 이들이 중심을 잡고 설 때 비로소 성별 갈등을 넘어, 누구도 배제하지 않으면서 모두를 위해 진보하는, 그런 세상도 가능해진다.

4

일단, 판단 중지
헌법적 사고와 권리논증

이제 헌법의 시간이다.
헌법은 가치의 차이와 이익의 갈등에 대한
격렬한 대립에도 불구하고 서로 대화를 할 수 있고
가장 기본적인 관계를 맺을 수 있는 통로를 제공한다.

노키즈존
우리가 주목해야 할 진짜 이야기

2019년 겨울, 한국에서만 천만관객을 동원한 애니메이션 '겨울왕국'의 후속편 '겨울왕국2'가 개봉됐다. 2편 역시 성인관객들한테도 인기를 모으며 흥행가도를 달리던 중, 예상하지 못한 노키즈존 논란이 불거졌다. 아이들 때문에 관람에 불편을 느낀 일부 어른들의 항의가 기사화되면서 노키즈관을 만들어야 한다는 주장이 나온 것이다. 사실 크게 부풀려질 사안이 아니었는데 언론이 기사로 다루면서 커진 면도 있다. 찬성 측은 성인들이 쾌적하게 관람할 권리를 주장하고, 반대하는 쪽은 아동에 대한 혐오라며 대립했다. 잊을만하면 한 번씩 불거지는 노키즈존 문제는 아동을 어떻게 취급하느냐를 넘어 사회구성원들이 가진 권리의식의 수준을 가늠할 수 있는 사안이다. 2017년 국가인권위원회는 한 시민이 올린 노키즈존 청원에 대해 합리적 이유가 없는 아동 차별이라 판단하고 시정 권고를 내렸다. 이 글은 노키즈존에 대한 국가인권위원회의 권고를 통해, 다른 사회적 갈등 사안에도 적용 가능한 보편의 사고체계와 판단 근거를 제시하기 위해 쓴 것이다.

"노키즈 구역은 아동 차별이며 합리적 이유가 없다"

2017년 11월 24일 국가인권위원회(이하 인권위)는 "노키즈 식당은 아동 차별이며 진정의 대상이 된 해당 식당이 13세 이하 아동의 출입을 전면 금지한 행위는 합리적 이유가 없다"고 발표했다. 인권위의 권고는 이행하지 않는다고 해서 법적인 제재가 따르지는 않지만, 노키즈존에 대한 관심이 높은 상황에서 처음 발표된 국가기관의 가이드라인이라 화제가 됐다. 많은 매체가 이 발표를 보도했다.

"인권위 '노키즈존' 식당 운영은 아동 차별 행위",
"인권위 '노키즈(No Kids)' 식당은 합리적 이유 없는 차별"

처럼 인권위의 발표를 전하거나,

"'노키즈존' 확산에 제동 걸리나",
"인권위 '노키즈존은 차별 행위… 아동 배제 말라' 제동"

처럼 인권위의 발표가 어떤 의미로 작용하는지 강조한
기사도 있다.

또한

"인권위 '노키즈존은 차별'…시민들 반응은 글쎄",
"인권위 '노키즈존, 아동 차별 행위'… 누리꾼들 찬반 의견 '팽팽'",
"정부 첫 '노키즈존 가이드라인'… 찬반 의견 분분",
*"'학습권·영업권보다 인권이 더 중요'… 인권위 '일방 질주'에
사회 곳곳 '아우성'"*

등과 같이 갈등 양상을 전하거나 일방 질주, 아우성 같
은 단어로 불만을 드러낸 매체도 있다. 대체로 진보성향의
매체는 인권위원회의 결정을 충실하게 전달하는 반면, 중
도나 보수성향의 매체들은 찬반 대립을 부각하거나 부정
적인 뉘앙스로 비판하는 경향을 볼 수 있었다.

　인권위의 발표는 노키즈존 사안에서 중요한 의미가 있다. 소비자 우선주의 문제로만 바라보거나 맘충, 노아재존처럼 성별 대립과 혐오로 확산되는 문제를 차별, 평등, 권리의 원칙으로 판단하도록 유도한다. 구성원 간 권리의 충돌 문제는 계속 확대될 것인데 여기에 국가가 지향하는 방향성을 제시했다는 면에서도 의미가 있다. 문제는 그다음이다. 인권위원회의 발표 기사와 후속 보도를 보면 매체들 대부분이 차별인가, 아닌가라는 결과 자체에만 집중하거나, 아래 제목처럼 권리 충돌에서 어떤 권리가 '우선'인지를 가려낸 판정이라는 의미로 요약한다.

　　"'아동이 차별받지 않을 권리'가 영업의 자유보다 우선" 〈한겨레〉
　　"학습권 · 영업권보다 인권이 더 중요" 〈한국경제〉

　이러한 요약은 틀렸을 뿐 아니라 사회적 쟁점을 해결하는 데 필요한 도움을 주지 못한다. 이번 인권위의 권고를 위와 같이 해석한다면 '과외금지는 위헌'이라는 판결에 대해 부모의 사적교육권이 평등의 원칙보다 우선이라는 요약이 나오게 된다. 과외금지 위헌은 당연히 그런 문제가 아니다.

인권위원회의 결정은 발표 그대로 '노키즈 식당은 아동 차별이며 그 행위는 합리적 이유가 없다'는 판단이다. 이는 '차별이므로 나쁘다, 인권이 영업권보다 우선이다'와는 다른 의미이다. 이를 제대로 해석하지 않는다면, "여성 전용 가게를 '남성 차별'이라고 말하지는 않는데 노키즈 구역은 왜 '아동 차별'인가", "쾌적하게 서비스를 누릴 권리, 업주들이 최상의 서비스를 제공하고 이윤을 득할 권리는 어떡하느냐"는 여전한 의문에는 답하지 못한다. '국가가 아동 권리가 우선이라고 했잖아'라는 말로 방어할 수밖에 없다.

이런 식의 정리는 논증의 과정을 통해 권리에 대해 합리적인 판단을 도출하는 사고체계를 교란시킨다. 그리고 다른 사안에도 누구의 권리가 우선인지 권리의 서열에 집중하거나, 자신이 원하는 결론을 먼저 정한 뒤 끼워 맞추는 방식으로 사고하게 된다. 선언적으로 약자, 소수자, 피해자의 타이틀을 앞세운 후 정당함을 주장하는 방식을 반복한다. 이는 사회의 갈등을 해결하기보다는 증폭시킨다. 노키즈존을 둘러싼 갈등에서 우리는 권리담론의 확장 과정에 어떤 오류가 있고, 권리논증이 왜 필요한가를 중요하게 다룰 필요가 있다. 어떤 오류들이 합리적인 판단을 방해하는지 살펴보자.

약자, 소수자, 피해자의 권리보장 관점으로는
해결할 수 없다

어떤 사안을 판단할 때 우리는 흔히 약자/강자, 피해자/가해자, 선한 시민/악인을 규정하고, 전자의 권리를 보장해야 한다는 결론을 내린다. 아동은 약자이고 소수자성을 가지고 있으므로 보호해야 한다는 논리가 여기에 해당한다. 이는 정의를 수행한다는 믿음과 연관되어 있다. 노키즈존 사안에는 권리 주체가 셋이다.

> 1. 아이와 함께 원하는 서비스를 얻을 권리가 있는 부모와 아동
> 2. 지불한 비용만큼 쾌적한 서비스를 누릴 권리가 있는 고객
> 3. 이윤획득의 기회를 부당하게 침해받지 않을 권리가 있는 업주

세 주체는 모두 합당해 보이는 권리와 자유를 가지는 동시에 자신의 그것이 침해당했다고 주장한다. 업주는 아동에게, 아동은 다른 고객에게, 고객은 아동과 부모에게 가해자가 된다. 모두가 강자이면서 동시에 약자이기도 하다. 불만을 제기하는 고객 앞에서 업주는 약자이고, 출입을 제한당하는 아동과 부모 입장에서 업주는 강자다. 같은 업주라도 전담 변호사가 있는 업소는 대항력이 있지만, 테이블 몇 개로 영업해야 하는 소규모 가게의 업주는 고육지책이

다. 이 문제는 누가 약자인지, 누가 소수자성을 가졌는지를 규정하는 방식으로는 해결할 수 없다. 그렇게 접근하면 권리 주장의 아수라장이 되고, 모두가 피해자 되기라는 악순환에 빠져든다. 사람들이 갸우뚱하는 것도 이러한 관점으로 문제를 바라보는 틀에 익숙하기 때문이다.

차별은 모두 나쁜 것이라는 관점으로는 해결할 수 없다

인권위의 권고는 차별 자체가 아니라 그 차별에 합리적인 이유가 있는지를 근거로 한다. 차별을 도덕적으로 나쁘다고 규정하는 것과 평등권을 침해하는 행위로 해석하는 것은 다르다. 세상에는 많은 차별이 존재한다. 국가와 개인뿐 아니라 구성원들끼리도 자의적으로 차별을 행한다. 미성년자에게 특정한 콘텐츠의 접근을 금지하거나, '수질 관리'를 이유로 중장년층의 클럽 출입을 제한하거나, 특정 성별을 우대하는 방식으로 구성원을 차별하는 일은 흔하다. 우리는 이를 모두 싸잡아 차별이니까 나쁜 것이라고 하지 않는다. 만일 다중이 이용하는 업소에 혹시 있을지 모르는 누군가의 불편함을 근거로 특정 인종이나 지역 출신의 입장을 금지한다면 아마 분노와 비판의 강도가 노키즈존보다 훨씬 높을 것이다.

문제는 어떤 차별은 용인하고 어떤 차별은 불관용할 것

인가를 판단하는 일이다. 개인의 가치관이나 특정한 진영의 주장은 당연히 기준이 될 수 없다. 무엇이 차별인지, 왜 차별인지, 누가 피해자인지를 합리적으로 논증하지 않고 자의적인 선언으로 규정한 후, 그러므로 나의 주장은 정당하다는 전개방식을 사용하기 때문이다.

목적론적 사고로는 해결할 수 없다

권리논증을 방해하는 중요한 오류는 목적론적 사고다. 사람들은 원하는 결론을 미리 내린 후 그게 가장 중요한 의미가 있다고 주장한다. 권리가 합당한 인정을 받으려면 논증을 거친 후 그 결과로 권리의 정당성이 도출되어야 하는데 목적론자들은 반대로 행동한다. 자신의 욕망이나 정체성, 속한 집단의 지향에 따라 각자 다른 목적으로 권리를 주장한다. 예를 들어 누군가 개에 물린 사례를 근거로 모든 개에게 입마개를 채워야 한다고 주장한 후, 사회구성원 모두에게는 안전을 보장받을 권리가 있기 때문에 옳다고 결론을 내리는 식이다. 진짜 목적은 내가 개에 물릴 낮은 가능성, 작은 두려움까지 제거하고 싶은 욕구다.

권리들이 충돌하는 것처럼 보이는 사안을 해결하기 위해서는 권리논증이 필요하지, 누구의 목적이 더 중요한지를 따지면 각자의 신념에 따라 다른 답이 나온다. 서로의 목적이 상충하는 것을 권리의 충돌로 가장하기 때문에 이 상황에서 권리라는 말은 아무런 역할을 하지 못한다.

'권리논증'은 어떻게 해야 하나

사회구성원 모두가 동의하고 승복 가능한 보편의 기준은 우선 헌법이다. 헌법적 사고는 '우리는 동등한 자유와 권리를 가진 동료시민'이라는 전제가 기본이다. 이를 출발점으로 차근차근 권리의 논증을 거쳐 공동체의 규범을 재확인하거나 새롭게 정립하는 과정이 필요하다. 헌법에 기반한 권리논증은 생소한 방식이지만 갈등 사안을 해결하는 열쇠가 될 수 있다.

법적인 개념을 기준으로 보면 차별은 무조건 부당하다거나, 차별이 아니라면 어떤 행위도 가능하다는 결론은 나지 않는다. 어떤 구성원에 대한 대우에 차별이 있으면 잠정적 차별이 있다고 보는데 이를 곧바로 범죄나 위법행위로 규정하지는 않는다. 이 차별이 정당화되는 합당한 이유가 있는지를 규명한 후 합리적 차별 여부를 판단한다. 평등과 권리문제가 얽힐 때 어떤 차별이 정당한지는 평등 원칙을 중심으로 따져봐야 한다. 그 권리가 정당한지를 판단하기 위해서도 평등의 원리라는 기준이 필요하다. 그렇지 않으면 계속 권리의 충돌이라는 평행선만 달리게 된다.

엄격하게 보아야 하는 차별이 있고, 그렇지 않은 차별이 있다. 인종, 출신국가, 성별 등에 대한 차별행위는 사회구성원들이 엄중하게 받아들인다. 개인의 노력으로 바꿀 수 없고, 시간이 지나도 변하지 않는 요소들이기 때문이다. 헌법은 개별 인간의 존엄을 최우선의 가치로 삼는다. 인류 역사상 이 가치를 심각하고 빈번하게 훼손한 요소가 위와 같은 정체성들이었다. 그런 도전에 대한 응전의 결과물이 바로 헌법적 가치다.

노키즈 식당에 대한 인권위원회 판단의 경우 차별의 기준은 13세라는 나이다. 연령은 위 요소들처럼 엄격하게 다루는 표지가 아니다. 미성년자 음주 금지, 흡연 금지 같은 차별적인 대우는 연령의 변화에 따라 해제되는 것이라 헌법상 권리를 침해하는 차별행위로는 규정되지 않는다. 법적으로 심각한 차별행위를 규정하는 데에는 '차별비례성의 원칙'을 적용한다.

- 차별의 목적이 정당한가?
- 차별이 목적을 달성하는 데 합리적 수단인가?
- 동일한 목적을 달성하는 데 차별을 덜 하고도 가능한
  다른 방법이 있는가?
- 차별을 당함으로써 상실되는 법익과 차별을 해서 추구되는
  법익 사이에 법익균형이 있는가?

　엄격하지 않은 요소는 차별비례성의 원칙까지 가지 않고 자의성 금지 원칙으로 판단한다. 자신의 가게 운영방식은 업주가 결정할 수 있다는 것이 사회 안에서 합리적인 권한으로 통용되었기 때문에 그간 노키즈존 문제는 이 영역에 있었다. 이번 인권위 판단은 차별비례성의 원칙으로 이를 더 엄격하게 따져본 결과다.

　그렇다면 여성전용 업소나 중장년을 금지하는 클럽처럼 특정 대상을 금지하거나 허용하는 차별들은 문제가 아닐까? 노키즈존 사례와 어떻게 다를까? 여성전용 업소는 목적 자체가 여성만을 대상으로 하는 서비스의 제공이다. 클럽 역시 특정 연령의 성인들이 즐기는 플랫폼을 제공하는 것이기 때문에 기준 이외의 손님을 받으라고 하면 사업의 목적 자체가 망가진다.

반면 이번에 문제가 된 식당이나 카페는 영업 행위에 13세 이상만을 위한 배타적 플랫폼 제공이라는 목적이 없다. 음식과 음료를 제공하는 보편적 서비스에 접근 권한을 제한한 것은 앞의 경우들과 다르다. 인권위는 노키즈라는 전면적인 접근금지 대신 좀 더 적극적으로 방해 행위에 대한 조치를 공지하라고 권고했다. '동일한 목적을 달성하는 데 차별을 덜하고도 가능한 다른 방법이 있는가?'에 해당하는 조치다.

아동을 잠재적 방해자로 여길 수는 있지만 모든 아동이 방해 행위를 하지는 않는다. 모든 부모가 아이를 방치할 거라고 예단할 수도 없다. 하지만 노키즈존은 아동 일반을 확정적 방해자로 규정한다. 방해 행위를 하지 않은 이들의 권리는 논리의 점프 과정에서 생략된다. 단지 같은 범주에 속한다는 이유로 타인의 권리를 침해하지 않은 사람의 기회와 권리마저도 원천적으로 박탈하는 것은, 구성원들의 자유를 조정하는 보편 가능한 원칙이 될 수 없다.

헌법적 권리의 보장 단위는 개인이다. 특정 범주의 집단을 하나의 권리단위로 취급하는 일은 입헌민주주의의 근간인 개인주의를 무너뜨리는 일이다. 이를 용인하게 되면 에이즈 환자의 40퍼센트가 남성동성애자라는 이유로 동성애를 금지해야 한다는 논리도 가능하다. 인권위의 권고는 이런 우려가 현실로 등장하기 전에 우리가 지향해야 할 방향성을 제시한 것이다.

'저거 치워!'의 끝은 힘의 논리가 지배하는 무균사회

어떤 업소는 "알바생에게 무례한 손님은 우리도 서비스를 제공하지 않겠다"고 공지해 화제가 됐다. 감정노동의 고통을 호소하던 전화상담원에게 "무례하게 굴면 동의 없이 끊는다"는 대응매뉴얼도 마련되고 있다. 이런 조치만으로도 우선 가능한 변화를 유도할 수 있다. 노키즈존 문제에서도 업주뿐 아니라 시민들도 문제 행위의 제재를 적극 도울 의무가 있다. 아동의 방해 행위가 타인에게 심각한 피해를 줄 때 업주의 조치를 함께 지지해주는 행위도 필요하다. 그 순간에 시민들 사이의 조력으로 해결할 수도 있는 문제를 방치하다 보면 더 큰 문제로 돌아오게 된다.

다만, 문제 상황에 직면했을 때의 조치는 필요하지만 '저거 치워' 방식은 지양해야 한다는 점이다. 드라마 속 재벌 회장의 대사로 화제가 됐던 "저거 치워!"는 보기 싫은 것,

불편한 사람을 내 눈앞에서 치워버리는 해결방식이다. 드라마 속 그녀는 막대한 권력을 가진 존재라 치워버리는 것이 가능했다. 현실에서는 다수라는 힘의 논리가 이를 가능하게 한다.

살면서 나를 불편하게 하는 일들은 수없이 많다. 노숙자의 몸에서 나는 냄새, 틱장애를 가진 사람의 반복적인 행동, 아이들의 울음소리나 산만한 행동은 다중이 이용하는 공간에서 흔히 겪는 일이다. 불편에 대한 체감의 정도는 사람마다 다르지만 대부분 견디고 받아들인다. 내게 불편을 준다 하더라도 특별한 악의나 고의가 아니라 일반적인 삶의 모습을 수반한 것이라면 사회구성원으로서 이를 감수할 의무도 있다.

아이는 우리모두가 지나온 가장 불완전하고 약한 삶의 한 시기다. 업주와 고객은 아이에게 좀 더 관용의 태도를, 보호자는 타인의 권리를 존중해야 할 시민으로서 더 엄격한 통제와 보호를, 어른들 모두는 서로의 자유와 권리를 위해 조력하는 동료시민으로서 적극적인 조치를 공유할 책임이 있다.

닥치고 내가 편안할 권리만을 외치는 세상이 되면 우리 사회는 구성원들의 다양한 삶의 모습을 참지 않는 질서가 확립된다. 어떠한 더러움도, 시끄러움도, 불편함도 없는 청결한 무균세상은 가능하지 않다.

노키즈존 보도 유감

어떤 사회든 차별적인 대우는 일정하게 존재한다. 국가에 의한 경우도 있고 구성원들 사이에서도 일어난다. 자유와 권리에 대한 주장 또한 다양한 형태로 존재한다. 권리의식이 높아질수록 권리 주장으로 인한 갈등과 경합은 빈번해진다. 이를 합리적으로 조정하는 수단이 필요하다. 이는 권리의 우열이나 서열을 규정하기 위함이 아니다.

그런 점에서 이 사안을 단순히 '영업의 자유'와 '차별받지 않을 권리'가 충돌하였고, 후자가 승리했다는 식으로 쓰는 언론에 유감이다. 권리는 우열이나 서열의 개념으로 볼 수 없고 그렇게 보아서도 안 된다. 또 본질이 아닌 갈등 구도를 부각해 대결을 부추기는 관점도 우려스럽다. 〈한겨레21〉은 인권위의 판단이 있기 전 노키즈존 문제를 심층 취재한 기사에 이런 제목을 썼다.

"'파파충'과 '노아재존'은 왜 없을까?",
"여성혐오 부산물 '노키즈존' 사회적 경계 긋기 폭력···
생산·구매력 가진 남성은 타인 시공간 침해해도 배제되지 않아",
"동물적 삶의 연속성 혐오하는 남성"

　　노키즈존은 여성혐오의 부산물이라고 논증 없이 확정하고, 이 사안을 성별 간의 문제로 전환시킨다. 더 많은 배제의 존을 만들고 싶지 않다면 혐오와 배제의 규정 또한 엄격하고 신중할 일이다. 인권위는 사법기구가 아니기 때문에 실정법 위주의 판단보다는 어떤 사회를 지향할 것인가 하는 가치를 중요하게 여긴다. 이번 판단에도 헌법과 UN아동협약을 근거로 했다. 아직 전면화되지 않았지만 노키즈존에 대한 시민들의 심정적 지지는 만만치 않다. 인권위의 결정에는 노키즈존에 담긴 배제의 논리가 확산되어 보편의 질서로 자리 잡을까 하는 우려가 보인다. 이번 발표를 통해 사회구성원들 사이에 서로의 행위를 조정할 필요가 있을 때 바람직한 기준은 무엇인가?라는 질문을 던졌다. 따라서 인권위가 '이것은 차별이다'라는 정답을 제시한 것으로 의미부여를 하면 우리는 계속 권리에 대한 판단을 국가에 위임하고 답을 기다려야 한다.

낙태문제나 정규직과 비정규직의 차별, 건물주와 세입자 사이의 갈등 문제도 앞으로 계속 권리 충돌 사안으로 부각될 것이다. 언론이 이를 여전히 권리의 서열이나 우열을 정하는 관점으로 대하지 않기를 바란다.

우리는 언론의 보도를 통해 동료시민들이 승리자와 패배자로 나뉘는 모습을 보고 싶은 것이 아니다. 본래 헌법이 동등하게 부여하고 있는 구성원들 모두의 자유와 권리가 현재형으로 조화롭게 보장받는 과정을 확인하고 싶을 뿐이다.

낙태죄에 대한 입장을 정하는
내 생각의 순서

2019년 4월 11일, 오랜 논란이었던 낙태죄가 위헌 판정을 받았다. 그간 낙태죄 폐지 문제에 대한 언론의 보도 태도는 대부분 찬반양론을 대립시키는 모양새였다. "낙태죄 폐지 청원, 여성만 책임? vs 생명윤리", "낙태죄 폐지 찬반양론 팽팽... 靑, 공식입장 밝힐 예정" 등 제목만 봐도 알 수 있다. 기사에서 다룬 찬반의견을 영희와 철수라는 인물의 예를 들어 간단하게 정리하면 아래와 같다.

- **영희(낙태죄 폐지); 모#의 신체의 자유 강조: 내 자궁은 내 것이다.**
  여성은 자신의 몸을 통제할 권리가 있다. 여자도 사람이다. 태아는 일종의 혹에 불과하므로 낙태는 혹을 떼어내는 것과 같다. 혹을 떼어낼 자유처럼 낙태의 자유가 있다.

• 철수(낙태죄 폐지 반대) : 생명보호 강조: 낙태는 살인이다.

수정착란 시부터 생명이다. 국가는 어떤 생명이든 보호할 의무가 있다. 모가 자신의 이익을 위해 낙태를 할 필요가 있더라도 국가가 나서서 보호해야 한다.

낙태문제는 이렇게 양분되어 서로의 질문에 답하지 않는 형국으로 진행됐다. 철수는 낙태에 반대하지만 영희의 몸이 영희 것이란 걸 안다. 여성의 몸을 통해 아이가 출산된다는 것도 모르지 않는다. 영희가 내 신체는 나의 것이다를 강조한다 한들 대화의 진전이 없다. 철수 진영은 자신들이 가진 생명에 대한 가치, 수정 시부터 보통의 인간과 동등한 규범적 지위를 가진다는 점을 제대로 논증하지 않는다. 자신들의 생명윤리사상에 기반한 주장을 동어 반복한다. 낙태 금지법이 인간이 가진 신체의 자유와 궁극적 선택권을 찬탈하는 면에 대해서는 언급하지 않는다. 그럼 어떻게 해야 할까? 헌법재판소의 판결로 정리가 되었지만, 우리는 낙태를 둘러싼 논쟁에서 사회적 규범을 합의하는 방식에 대해 시사점을 얻을 수 있다.

서로 다른 가치관을 가진 사람들 사이의 갈등을 해결하는 방법은 평화롭게 공존하고 공정하게 협동할 수 있는 규범에 의해야 한다. 이 도구로 유효한 것이 헌법논증이다. 생명권과 자기결정권 중 무엇이 우선이냐는 논쟁으로는 충돌하는 갈등의 해답을 발견할 수 없다. 헌법논증을 통하면 '실질적'으로 누가 약자인지 입증할 수 있지만 선언으로는 특정할 수 없다. 보편적 규율에 의해야만 일시적으로 취약한 지위에 처해진 사람도 그 권리를 보장받을 수 있다.

복면금지를 당하는 시위자와, 복면을 쓴 시위대에게 폭행을 당하는 경찰 중 누가 약자인가?

낙태금지 조치로 불법낙태의 위험에 놓이고, 신체의 자율성을 잃고 부분적으로 노예화(partial enslavement)를 당한 여성과, 일방적으로 모母의 결정에 의해 생명을 잃게 되는 태아 중 누가 약자인가?

교원 임용시험에 합격하고도 대기 상태에서 임용되지 못한 채 몇 년이 지나면 임용기대권도 사라지는 합격자와, 같은 교원으로 일하며 상시지속적인 업무에 똑같이 투입되는 노동자이면서도 불안정하고 차별적 대우를 받고있는 비정규직 교원 중 누가 약자인가?

성폭력 범죄를 당한 사람과, 성폭력 범죄로 무고를 당한 사람 중 누가 약자인가?

최저임금의 법정 수준이 낮아서 생활상의 필요와 욕구를 제대로 충족하지 못하는 이들이 약자인가, 최저임금이 급격하게 인상됨으로써 실업 상태에 빠진 노동자들이 약자인가?

국가의 일방적인 권력사용에 노출되어 있는 죄수(prisoner)와, 범죄자에게 당한 피해자 중 누가 약자인가?

헌법을 약자의 이익을 위하는 보호문서로 보는 시각은 이러한 문제들에 대해 명쾌하게 답할 수 없다. 낙태문제도 마찬가지다. 이 사안에서 우리가 던져야 할 질문은 "태아는 헌법상 사람인가?"에서 시작해야 한다. 낙태금지는 형법과 모자보건법이 함께 얽혀있는 문제다. 모자보건법상 가능한 낙태사유*를 보면 모자보건법은 사실상 태아를 헌법상의 사람으로 보지 않는다. 사람이라면 전염병에 걸렸다

---

* 〈모자보건법〉
제14조 (인공임신중절수술의 허용한계)
① 의사는 다음 각호의 1에 해당되는 경우에 한하여 본인과 배우자(사실상의 혼인관계에 있는 자를 포함한다. 이하 같다)의 동의를 얻어 인공임신중절수술을 할 수 있다.
1. 본인 또는 배우자가 대통령령이 정하는 우생학적 또는 유전학적 정신장애나 신체질환이 있는 경우
2. 본인 또는 배우자가 대통령령이 정하는 전염성 질환이 있는 경우
3. 강간 또는 준강간에 의하여 임신된 경우
4. 법률상 혼인할 수 없는 혈족 또는 인척간에 임신된 경우
5. 임신의 지속이 보건의학적 이유로 모체의 건강을 심히 해하고 있거나 해할 우려가 있는 경우
제28조 (형법의 적용배제) 이 법의 규정에 의한 인공임신중절수술을 받은 자와 수술을 행한 자는 형법 제269조제1항·제2항 및 동법 제270조제1항의 규정에 불구하고 처벌하지 아니한다.
■ 모자보건법 시행령 제15조 (인공임신중절수술의 허용한계)
① 제14조에 따른 인공임신중절수술은 임신 24주일 이내에 있는 사람만 할 수 있다.

고 죽일 수 없고, 생물학적 부가 범죄자라는 이유로 생명을 죽이는 것을 허용하는 법은 존재할 수 없다. 이처럼 인간 존엄과는 공존할 수 없는 행위를 법적으로 허용해 온 것이 한국사회의 타협점이었다. 여성과 의료진을 사실상 느슨하게 처벌하거나 처벌하지 않아온 것도 일종의 타협이다.

헌법적 지위를 가진 인간이라는 개념은 이해관심-이익 또는 해를 경험할 수 있는 것에 대해 우려나 불평을 할 수 있는 정도의 인식-을 가진 존재인가의 문제다. 이해관심은 의식을 가진 존재여야 하고, 의식의 기본은 고통과 쾌락을 경험할 수 있는 능력이다. 태아는 어떨까? 24주 이전의 태아는 신경망이 발달하지 않아 이해관심을 가진 존재가 아니라는 신경과학계의 합의 등 근거가 있다.(일각에서는 26주까지로 잡기도 한다.) 현행법의 기준이었던 24주 미만의 태아는 낙태를 금지할 파생적 이유 즉, 규범적 존중을 받을 지위에 있는 자로서 권리를 보호받아야 하는 경우에 해당하지 않는다. 그러나 24주 이후는 신경망이 충분히 발달해서 고통과 쾌락을 경험하는 인간존재로서 규범적 지위가 생긴다. 모가 자신의 이익을 위해 공격을 가한다면 국가가 개입해서 규제를 할 수 있는 근거가 된다. 이처럼 24주 이전에는 가치의 문제이고, 이후는 규범의 문제가 되는 것이다.

인간 생명에 대해 단순히 "몸속의 혹에 불과하다"고 주장하는 것은 생명에 대해 충분한 존중의 태도를 보이지 않는 태도다. 이는 가치와 규범의 문제를 분리하지 않기 때문에 할 수 있는 말이다. 이 경우 사회구성원 모두 태아를 단순한 몸속의 혹이라고 인식해야 낙태 합법화의 근거를 마련할 수 있는데 이 사안은 그런 문제가 아니지 않은가.

"나는 이것이 인간 생명을 존중하는 태도라고 보지 않는다"는 가치의 주장이고, "태아는 헌법상 사람이다"는 규범의 주장이다. 헌법은 규범을 다루는 문제이고 가치의 관철이 어떤 형태로 국가에 의해 허용될 수 있는지 제한하는 것이다.

낙태문제의 두 가지 쟁점

낙태문제에는 본질적으로 다음 두 가지 쟁점이 있다.

첫째, 어느 시점에 태아가 규범적인 존중을 받을 이해관심을 가지는가?

둘째, 자연적 창조력과 인위적 창조력이 갈등하는 상황

일 때 어느 쪽으로 할 것인가?

　자연적 창조력에 의한 Life(태아)와 인위적 창조력의 Life(모의 삶)라는 두 Life가 있다. 잉태되어 태어나기까지의 삶은 자연적 창조력에 의한다. 개인이 주체적으로 계획하고 조직하여 꾸려가는 삶은 인위적 창조력이 투여된 라이프다. 그러나 여성이 강간으로 임신을 하게 되면 그동안 꾸려온 삶과 미래의 삶이 통째로 위협을 받게 된다. 국가가 형벌권으로 임신 지속을 강제하고 낙태를 금지한다면 인위적 창조력이 투여된 주체적 삶을 모욕하는 행위이다. 낙태는 자연적 창조력에 대해 불가피한 희생을 가하는 일이 되지만 이 두 경우 어느 비중이 높은가 하는 판단은 국가나 낙태 반대론자가 아닌 '모'가 내리는 것이다. 현행법에 낙태 허용 요건이 있는 사실 자체가 24주 이전의 태아는 헌법적 지위를 갖는 사람이 아니라는, 즉 인위적 창조력이 자연적 창조력을 압도한다는 사회적 합의를 보여준다.

　그렇다 해도 생명존중의 가치에 대해 국가가 어떻게 보호의 책임을 질 것인가 하는 문제는 남는다. 국가는 개인들에게 책임의 태도를 촉진할 수 있지만 부당한 부담을 부과해 일방향의 가치만을 관철시킬 수는 없다. 나는 이러한 근거로 낙태죄는 위헌이라고 판단했다.

저명한 법철학자 로널드 드워킨(Ronald Dworkin)*은 저서 『생명의 지배영역』에서 이렇게 말한다.

> "나는 이 책의 주장들이 타당하다면 그 주장들이 미국인들과 자유가 존중되는 다른 나라의 사람들이 이 정치적 논란에 대해 논쟁의 양측 모두 존엄을 잃지 않고 받아들일 수 있는 공동체적 해법을 찾을 수 있다는 희망을 조심스럽게라도 가져볼 수 있게 할 것이다."

> "낙태가 도덕적으로 사악하다고 열렬하게 믿으면서 동시에 산모가 자신의 신념의 허락이나 요구에 따라 자유롭게 다른 결정을 내릴 수 있다는 것도 열렬히 믿을 수 있도록 허용하는 관점도 있다는 것을 확인시켜 주고자 한다. 이것이 이 책의 종교적인 야심이다."

생명의 가치에 대한 사람들의 입장이 다를 때 국가는 낙태를 금지할 수 있는가? 라는 물음에 드워킨은 다음과 같은 답을 제시했다. 우선 드워킨은 강제의 목표와 책임의식 증진의 목표를 구분해야 한다고 말한다. 국가는 의회의 다

---

* 로널드 드워킨(Ronald Myles Dworkin, 1931년 12월 11일 ~ 2013년 2월 13일)은 미국의 법학자이자 정치철학자로. 예일대와 옥스퍼드, 뉴욕대의 교수였으며 법철학과 정치철학 분야에서 뛰어난 업적을 남긴 미국의 대표 학자이다.

수결을 통해 어떤 가치가 중요하다고 판단하고 이 가치를 보호하기 위해 국민의 권리를 일부 제약하거나 국민이 그 가치를 존중할 의무를 자각하도록 만드는 교육과 상담 또는 홍보 활동 등을 할 수는 있으나, 이와 같은 공동체적 가치판단을 이유로 개인의 권리행사를 전면적으로 금지할 수는 없다는 것이다. 생명의 내재적 가치에 대한 공동체의 해석을 개인들에게 강요할 수는 없다.

그래서 이제 헌법의 시간이다. 헌법은 가치의 차이와 이익의 갈등에 대한 격렬한 대립에도 불구하고 서로 대화를 할 수 있고 가장 기본적인 관계를 맺을 수 있는 통로를 제공한다. 24주 이후의 태아의 지위도 존중하면서, 24주 이전 이해관심은 없고 독립적 가치만 문제되는 상황에서는 가치의 문제에 대해 숙고할 것을 요구할 수 있다. 이런 과정을 거치면서 국가가 형벌을 통해 순응과 일치를 강제할 수는 없다는 결론을 함께 낼 수 있다.

불필요한 대립과 갈등 대신 판단의 체계를 하나하나 만들어 도달한 결론이다.

2019년 4월 11일, 형법상 낙태죄는 헌법불합치 판정을 받아 효력이 상실되었다.(2017헌바127) 헌법재판소는 2020년 12월 31일까지 개정안을 입법할 것을 주문하였고, 정부는 2020년에 '임신 14주 이내에는 별도의 요건 없이, 임신 24주 이내에는 사회·경제적 사유 등이 있는 경우 낙태를 할 수 있도록 하는 「형법」, 「모자보건법」 개정안'을 국회에 제출하였으나 21대 국회의 임기만료로 폐기되었다. 2025년 3월 현재 낙태죄는 입법공백 상태에 있다.

공존을 위한 규범인가?
성범죄에서의 무고죄 예외적용지침

　"상대방이 무고를 정말 쉽게 생각하는 것 같다. 무고는 정말 큰 죄다." 성폭행 가해자로 고소당한 남성연예인이 경찰에 출두하면서 한 말이다. 조사 결과 그는 무혐의 처분을 받았고 상대 여성은 무고혐의로 기소되었다. 2016년에는 유독 유명 남성연예인에 대한 성폭행 고소 사건이 많았다. 고소 사실이 알려짐과 동시에 이들은 성폭행범으로 취급되었으나 대부분 무혐의 처리되었다.

　무고의 피해를 경험한 사람은 여성이 무고를 쉽게 생각한다고 여기고, 여성의 입장에 선 사람은 성폭력 피해 여성이 무고를 할 가능성은 거의 없다고 주장한다. 두 사람의 주장은 자기 경험 안에서 모두 진실일 것이다. 실증적인 데이터를 가져온다 해도 경험에서 비롯된 인식은 쉽게 교정되지 않는다. 성범죄 피해 여성에 대해 무고죄 적용을 반대하는 여성운동가는 "어떤 성폭력 피해자가 아니면 말 고식의 고소를 하느냐"고 항변한다.

자기가 경험한 세계나 속한 집단에 따라 인식의 차이는 얼마든지 존재할 수 있다. 하지만 그것이 모든 국민에게 강제로 적용되는 제도의 변화로 이어질 때는 다른 차원의 논의가 필요하다. 2016년 입법발의된 '성폭력범죄의 처벌 등에 관한 특례법 일부개정안'이 그 경우다.

2016년 12월 20일 더불어민주당의 정춘숙(대표발의), 김 삼화, 노회찬 의원 등 11명은 「성폭력범죄의 처벌 등에 관한 특례법 일부개정법률안」을 입법발의했다. 개정안의 내용은 두 가지다. 첫째, 성폭력범죄의 피해자가 무고의 혐의로 고소 또는 고발되는 경우 검찰의 불기소 처분이 종료되거나, 법원의 재판이 확정되기 전까지 조사, 수사, 심리, 재판할 수 없도록 하는 것과, 둘째, 성폭력범죄 피해자의 성 관련 이력을 범죄의 증거로 할 수 없도록 하는 것이다.

여성운동진영은 수년 전부터 성폭력범죄에서 상대방(대부분 남성인)이 피해 여성을 무고죄로 고소하거나, 수사기관인 경찰과 검찰에서 무고의 의심을 하는 것을 비판해왔다. 가해자가 거는 무고죄가 여성 피해자의 발목을 잡는 악질적인 꼼수라는 이유다. 최근에는 구호를 넘어 입법의 필요성을 강하게 주장했는데, 그 첫발을 떼게 된 셈이다.

성폭력 피해자에 대한 보호 조치는 당연한 일이다. 하지만 이 발의안은 우리가 어떤 사회를, 어떤 방식으로 지향하고 있는지 점검해 볼 중요한 문제가 담겨 있다. 위헌성 여부, 평등의 침해, 인권의 원리, 사회 보편의 상식 등 여러 면에서 도전적인 질문을 받게 될 것이다.

첫째, 이 개정안은 헌법(정신)을 준수하는가?
① 국민의 기본권 보장 면에서
무고는 피고소인이 제기할 수도 있고, 경찰이나 검찰이 조사과정에서 혐의를 포착해 수사하기도 한다. 이 개정안은 두 경우를 모두 금지한다. 우리 헌법은 누구든 동등한 법률적 지위를 가지며 공정하게 재판을 받을 권리를 보장하고 있다. 불기소처분으로 종료되거나, 재판이 끝날 때까지라는 단서조항이 있다 해도 특정기간, 상황 동안 기본권을 제한하는 면에서 이 조항은 위헌이다.

범죄의 유무를 가리고 법률에 근거한 처리를 해야 하는 수사기관의 임무를 금지하는 것 또한 위헌적인 발상이다. 국민 누구나 자신이 입은 범죄의 피해를 신고하고, 수사기관이 이를 조사하도록 하는 것은 기본권에 해당한다. 만일 특정한 범죄에 대해서는 이를 인지하여도 적시에 수사할 수 없도록 한다면, 국가는 국민의 기본권 보호 의무를 방기하는 것이 된다. 성범죄에 관한 한 피해사실을 신고할 수도 없고, 무고에 대한 의심까지도 금지하라는 조항은 헌법적 근거를 가지지 못한다.

② 무죄추정의 원칙 면에서

개정안은 무고의 고소자(남성)를 가해자로 단정하며, 허위로 무고를 행한다는 전제를 기반으로 한다. 이는 우리 헌법이 보장하는 무죄추정의 원칙을 위반한다. 피고소인, 또는 피의자는 유죄확정 판결이 있기 전까지는 원칙적으로 죄가 없는 자로 취급받아야 한다. 무고를 금지하라는 주장 속에는 죄가 없는 여성고소인을 '꽃뱀' 취급하며 범죄자로 몰기 때문이라는 항변이 있다. 그 논리에 따르더라도 고소인이 '꽃뱀'이 아닐 가능성을 주장하려면, 피고소인이 '성폭력범'이 아닐 가능성도 인정해야 한다. 그 가능성을 모두에게 보장하는 것이 우리 헌법이다.

③ 피해자 보호장치 보장 면에서

개정안의 두 번째 조항은 성폭력범죄 피해자의 성적 경험, 행동, 평판, 성폭력 고소 또는 성매매 범죄 관련 기록 등 성(性)이력을 증거로 제출하거나 이를 기초로 신문하는 것을 금지한다. 성폭력범죄 피해자의 사회적 평판이 실추되고 사생활이 침해되는 2차 피해로 이어진다는 이유다.

현행 사법체계는 범죄 피해자에 대해 다양한 보호장치를 마련하고 있다. 성폭력 피해자의 경우는 더 그렇다. 성폭력범죄의 처벌 및 피해자 보호 등에 관한 법률에서는 피해자를 특정하여 파악할 수 있는 직업, 용모 등 정보를 공개하거나 누설하는 것을 금지한다. 피해자의 사생활에 관한 공개와 누설도 금지해 2차 피해를 방지하도록 하고 있다. 신변보호 청구권을 통해 신체적, 정서적 안전을 보호하며, 인격과 명예의 손상을 막는 조항들도 있다. 개정안은 이를 더욱 강력하게 적용하거나 보완하여 달성할 수 있는 내용을 위헌적인 방법으로 관철하려는 문제를 가지고 있다.

④ 법과 양심에 따라 심판할 법관의 의무 침해 면에서

재판에서 증거의 수집과 신문 내용을 제한하겠다는 발상

또한 문제다. 성범죄는 피해 여성의 성적 경험, 행동, 평판, 성폭력 고소 또는 성매매 범죄 관련 기록 등 성[#]이력이 사실관계 입증에 중요한 근거가 되거나 관련성을 갖는 경우가 많다. 사법기관은 모든 증거와 주장을 접수하고, 신문을 통해 필요한 내용을 확인할 절차적 이행의무를 지닌다. 이를 통해 범죄 피해 사실의 입증과 유무죄 판결의 근거가 마련된다. 우리 헌법은 '법관은 헌법과 법률에 의하여 양심에 따라 독립하여 심판하여야 한다'(제103조)는 조항으로 법관의 의무와 권리를 보장한다. 특정 범죄에 대해서만 법관의 독립성과 자율성을 제한한다면, 다른 범죄 피해자와의 형평성을 해칠 뿐 아니라 특정인에게 유리한 증거만이 효력을 갖게 된다. 현행법으로도 재판관은 불필요하다고 판단되는 증거의 제출이나 신문을 중지할 수 있다.

편견은 모든 범죄에 대해 재판관이 빠질 수 있는 함정이지 성범죄에만 해당되는 문제가 아니다. 법관의 편견은 법리와 절차를 근거로 적극적인 권리 주장과 비판을 통해 해결할 과제이지, 특권적인 지위를 만들거나 기본 권리를 제한하는 방식으로는 정당성을 가질 수 없다.

둘째, 공정하고 객관적이며
일관된 태도를 견지하고 있는가?

어떤 주장에 대해 사회구성원의 동의를 구하려면 그것이 모두에게 공정하고, 객관적이며, 사회정의에 부합한다는 확인이 필요하다. 공정성과 객관성 입증에는 주장자들의 일관된 태도가 필수다. 재판이 끝날 때까지 여성에 대한 무고 판단을 멈추어야 한다는 주장이 설득력을 얻으려면, 남성의 성적가해행위(희롱, 추행, 폭행, 강간)에 대한 여성들의 폭로와 재판 사건에 대해서도 일관된 태도를 보여야 한다.

여성계는 성범죄가 재범률이 높고 위중한 범죄이기 때문에 신상을 공개하고 엄벌해야 한다고 주장해왔다. 성범죄자의 범죄이력은 해당 재판의 유무죄와 양형을 결정하는 데 주요 근거가 된다. 만일 편견을 방지해야 한다는 논리에 따라 남성 가해자의 재판에 그의 성범죄 관련 기록 등을 참고할 판단근거로 쓰지 못하게 한다면 이를 받아들일 수 있을까?

무고죄 수사제한 논리에 따른다면 성범죄에 한해 피해자의 신고 즉시 유죄로 판결하는 것에도 찬성하지 못할 이유가 없다. 여성은 거짓으로 피해사실을 말하지 않고, 남성은 피해 여성을 위협하기 위해 거짓으로 무고를 행하고, 수사기관은 편견에 기대어 피해 여성을 가해자로 의심한 다는 전제를 기반으로 하는 법이기 때문이다. 하지만 여성 계가 그런 주장까지 하지 못하는 것은 결국 헌법적 제한 과 그 헌법정신을 뒷받침하는 사회보편의 상식을 넘어서 지 못하기 때문이다.

여성계는 무고 관련한 통계조차 없음을 한탄한다. 이 는 무고수사 예외 적용에 대해 아직 객관적인 근거가 부 족함을 드러내는 말이기도 하다. 발의자들이 법개정의 근 거자료로 제시한 여성가족부의 <2013년 성폭력 실태조 사>에는, 성폭력 피해에 대한 신고율이 매우 낮다(꾸준 히 상승하고 있다)는 조사결과가 있을 뿐, 무고와의 연관 성을 제시하지는 않는다. '신고율이 낮다=무고는 피해자 를 억압한다=그러므로 무고 수사를 배제해야 한다'는 주 장은 실증적인 근거가 부족한 상황에서 논리적인 개연성 도 입증하지 못한다. 오히려 또 다른 차별과 성별 갈등을 강화하는 결과로 이어질 가능성이 높다. 목적을 위해 과 정의 정당성을 왜곡하는 일은 사회정의에 부합한다고 인 정받기 어렵다.

셋째, 젠더 관점으로 보는 것은 어떤 사회를 위해서인가?

여성계는 가부장제의 구조적 피해자인 여성에게 가해지는 편견과 억압을 인식하고 해소하기 위해 사회의 모든 현상을 젠더 관점(개념이 모호하여 필자는 성별 관점의 의미로 가정한다)으로 다시 봐야 한다고 주장한다. 젠더 관점으로 보는 일은 의미가 있다. 여성의 투표권 인정, 육아휴직 제도화, 성적 자율성 침해 행위 발굴 등 이전에 사소한 것으로 치부되거나, 근대 인권의 논리에 맞지 않는 권리침해 사안들을 발굴하고 조명할 수 있었다.

하지만 젠더 관점으로 본다는 것이 또 다른 특권층을 만들어내는 결과로 이어지는 것은 우려스럽다. 고정된 인식은 편견을 낳고, 편견이 일정한 집단에 광범위하게 존재하게 되면 오작동이 생기게 마련이다. 이 법안은 여성은 피해자라는 큰 틀의 원칙으로 사건을 해결하려는 편향이 존재한다. 그 편향이 위험한 것은 특정 성별의 자유를 위해 타인의 자유를 제한하는 것을 용인하기 때문이다. 젠더 관점에 따라 형사 사건에서 특정한 권리를 만들고, 그것이 특정 성별에만 적용된다면 선천적인 요인만으로 특권을 부여받는 새로운 계급이 만들어지게 된다. 공정하게 재판을 받을 권리, 동등한 법률적 지위를 보장받을 권리를, 특정성별의 이익을 극대화하기 위해 제한하는 것이 근대의 보편적 인권 원리에 부합하는가?

어떤 권리를 제한하는 데 기준은 무엇이고, 한계는 어디까지인가, 우리는 궁극적으로 어떤 사회를 지향하고, 그 과정에서 어떤 규범을 준수해야 하는가? 젠더 관점 적용이 규범주장으로서 설득력을 가지려면 근대의 보편적인 인권 원리를 더 잘 구현하도록 기능해야 할 것이다. 젠더 관점으로 봐야 한다는 주장 안에 이런 고민이 함께 보이지 않는다.

넷째, 무고는 무거운 범죄다

'충격으로 정신적 외상을 겪고 있다. 사건 이후 몸무게도 38kg으로 내려갈 정도로 심신이 극도로 쇠약한 상태다', '무고로 몰아가는 데 큰 수치심을 느꼈습니다', '그 이야기를 듣는 순간 그만 자살하고 싶어졌습니다', '제 인생 1년이 그 뒤로 구렁텅이에 빠졌어요. 범죄 피해를 당하고 제가 죄인 처지가 되었어요. 돈도 없고 빽도 없어서일까요. 왜 하필 저인가요.'

"스트레스가 너무 심해서 불면증이 왔어요. 곁에 아무도 없어요.

인간 말종, 인간쓰레기 이런 말을 많이 들었어요. 화학 약품이 가득한 가스실에서 살아가는 느낌이에요', '가슴에 압박이 와서 물리적으로 숨을 못 쉬었어요. 어쩌다 밖에 나가면 땅만 보고 벽에 붙어 다녀요. 자살 생각도 계속 해요', '가해자로 한번 지목된 사람은 인간 이하로 취급하는구나, 내 말을 아예 들으려고 하지 않는구나… 광장에 끌려나와 돌을 맞고 있는 느낌이 들었어요. 나뿐 아니라 내 가족들까지 같이 끌려나온 느낌…', '수치스럽다는 게 가장 컸어요. 걸어가다가 갑자기 내 옷을 발가벗기고 찢어놓는 거 같았어요. 분노와 억울함이 가시지 않아요.'

무고의 고통을 경험한 사람들의 증언이다. 앞의 증언들은 여성, 뒤의 증언들은 남성들의 것이다. 무고는 이처럼 성별을 막론하고 타인의 삶을 파괴하는 중대한 범죄다.

영화 〈더 헌트〉는 여자아이의 작은 거짓말 때문에 아동 성추행범이 된 남자의 고통을 보여준다. 공동체의 이물질이 된 후 친밀했던 이웃은 등을 돌리고, 노골적인 위협들이 이어진다. 혐의를 벗었지만 한번 찍힌 낙인은 지워지지 않는다. 그가 무고하다는 '사실'은, 아이는 거짓말을 하지 않는다는 '편견' 앞에 무력하다.

〈그래도 내가 하지 않았어〉라는 영화도 있다. 여학생에게 치한으로 몰린 한 남자가 자신의 무고를 밝히기 위해 법정 다툼을 벌이는 이야기다. 피해 여성의 진술이 강력한 증거로 작용하는 법정에서 그의 방어 수단은 내가 하지 않았다는 '사실' 하나다. 하지만 그 사실은 법정에서 인정받지 못했고, 그는 결국 성범죄자가 된다. 성범죄자라는 낙인이 남성에게 어떤 의미인지도 피해 여성의 특수한 감정만큼 진지하게 다뤄져야 한다. 성범죄에는 '인간쓰레기, 인간말종, 더럽고 추한 짐승'과 같은 최악의 비난이 따라붙는다. 혐의만으로도 낙인이 되며, 수치심과 회복하기 어려운 불명예를 안고 살아야 한다. 성범죄라는 특수성은 여성뿐 아니라 남성에게도 여느 범죄와 다른 의미로 작용한다. 서두에 언급한 사례처럼 상대 여성의 무고행위가 밝혀져도 남성연예인들은 이전의 삶을 회복하기 어렵다.

무고는 공동체의 신뢰를 무너뜨리고, 사법력을 낭비할 뿐만 아니라 억울한 피해자를 만들어내는 무거운 범죄다. 누가 가해자든 엄중한 책임은 똑같다.

성범죄에만 적용되는
무고수사금지매뉴얼이 부당한 차별인 이유

무고수사금지 법안에 반대하는 이유를 읽은 주변의 법

률가들은 하나같이 "공개적으로 말할 수는 없지만 이런 위헌적인 법률이 통과될 수는 없을 것"이라고 평가했다. 여성운동이 힘을 얻으니까 특정 국면에서 발의되고 마는 휘발성 법률이라는 판단에서 나온 말이다. 나는 이 법안이 통과되지 않을지라도 어떤 식으로든 적용을 시킬 수 있다는 우려를 했고, 그 우려는 현실로 나타났다.

2018년 5월 28일 법무부와 대검찰청은 무고 관련 '성폭력 수사매뉴얼'을 개정해 성범죄 피해자들이 무고로 고소될 경우 성폭력사건 수사가 종료될 때까지 무고에 대한 수사는 중단하기로 했다고 밝혔다. 입법을 통한 실행에 실패했으나 간단한 행정절차변경을 통해 관철한 것이다. 청와대 국민청원 게시판에는 이에 반대하는 청원 두 개*가 올랐다. 이 사안에 대한 우려와 반대의 여론을 감지할 수 있는 움직임이었다. 두 청원은 모두 참여 20만 명을 넘겨 청와대가 답변할 의무가 생겼다. 이 매뉴얼에 대해 헌법소원 심판도 청구됐으나 각하처리되었다. 행정부의 지침은 위헌 여부를 다툴 법률이 아니라는 이유에서다.

7월 19일 당시 청와대의 박형철 반부패비서관이 답변

---

* ① 2018년 5월 25일 '무고죄 특별법의 제정을 촉구합니다.' 청원. 2018년 6월1일 20만 명 달성.
② 2018년 5월 28일 '대검찰청의 불법적인 성폭력 수사메뉴얼 중단을 요청합니다.' 청원. 2018년 6월22일 20만 명 달성.

에 나섰다. 무고수사금지매뉴얼은 위헌이 아니며, 단지 시차를 두는 것일 뿐이고, 무고혐의가 인지되면 수사를 할 것이기 때문에 달라진 건 없고 문제가 아니라는 해명이었다. 달라지는 게 없다면 왜 새로운 지침을 만드는가?

이 지침은 여러 면에서 위험한 발상이다. 국가가 관장하는 법과 제도는 그것을 변화시켜 새롭게 적용할 때 모든 경우의 수에 공정하게 적용시킬 수 있어야 하고, 그 결과로 국민의 기본권을 보장해야 하는 의무가 있다.

무고는 심각한 범죄이며 성범죄 사건에만 무고가 있는 건 아니다. 유독 성범죄에 한해서만 예외적 장치를 두는 것은 공정하게 보장되어야 할 기본권을 적용받지 못하는 2등 시민을 만들어낼 수 있다. 청와대와 법무부 모두 다른 범죄의 무고죄와 달리 성범죄에서만 무고피해를 주장하는 사람의 권리가 배제되는 조치에 대해 헌법적 논증을 하지 못했다. 헌법기관들이 정의를 위한다는 이유로 불의를 행한다면 그 자체로 심각한 문제다.

한국의 사법체계와 정책은 여성계의 주장이 반영되는 방향으로 변화해 왔다. 증거주의를 채택하고 있는 우리 법정에서 피해자의 증언만으로 유죄 인정이 가능한 것이 성범죄다. 재범률이 높은 다른 범죄자에게는 행하지 않는 신원공개, 전자발찌착용, 화학적 거세와 같은 인권침해 논란이 있는 처벌도 성범죄자한테는 적용하고 있다. 여성의 인권을 보호하는 쪽으로 심문, 조사 절차의 개선도 이루어지고 있고, 여성법조인들을 중심으로 사법부 내의 젠더인식 변화를 촉구하는 움직임도 있다. 아직 부족하고 성에 안찰 수는 있으나 이 변화 자체를 부인할 수는 없을 것이다.

반복적으로 시도되는 성범죄 처벌에 대한 위헌적인 법률안 발의를 접하면서 가치 지향이 다른 구성원들이 자유롭고 평등하게 공존하기 위해 우리는 어떻게 해야 하는가 하는 고민을 하게 된다. 지금 우리에게 필요한 것은 각자가 지향하는 가치를 추구하고 논의하면서도 공존을 위한 규범을 함께 작동하는 일이다. 규범의 전제는 '다름'이다. 특정한 가치만이 옳다고 특권화하면 타인을 법적으로 지배하는 결과를 가져오게 된다.

충돌하는 가치들 사이에서 우리의 행동 기준은 언제나 규범이 되어야 한다.

2020년 검·경 수사권 조정으로 검찰은 무고수사를 직접 할수 없게 되었다. 그러나 2022년 시행령 개정으로 일부 수사권이 복원되면서 현재 무고 수사를 하고는 있으나 지침이 여전히 시행되고 있는지는 알 수 없다. 입법부의 한 의원실에서 해당 지침을 확인하고자 제출요청을 하였으나, 수사에 관한 내부지침은 공개할 수 없다는 답변을 들었다고 한다. 2022년 검찰의 수사권 일부 복원 후, 무고죄 인지와 수사는 증가했다.

리얼돌 규제
금지를 금지하라

　　제도적 평등이 자리 잡은 근대법치국가에서 여성들의 권익을 위한 운동이 힘을 발휘하는 영역은 범죄와 문화다. 특히 성범죄는 여성들의 피해 가운데 극단적 사례들이 존재하므로 손쉽게 규제와 처벌에 동의를 구할 수 있다. 거역할 수 없는 사례들 앞에서 자유의 견해는 위축된다. 성범죄의 특수한 부각은 남성 일반을 잠재적 가해자, 잠재적 성범죄자로 규정하는 오류를 범한다. 성적 욕구에 민감하고 문화적으로 구애의 역할을 담당했던 남성성이라는 특질은 이제 유해한 것으로 규정되기 시작했다. 성적 상호작용에서 남성의 행동은 교정의 대상이 되고, 남성을 반문명적인 존재로 혐오하는 문화가 자리 잡았다. 남성의 욕구에 대해서는 어떠한 타협도 하지 않으려 하며, 남성의 욕구를 수용하는 것은 곧 남성지배의 강화라 비난한다. 남성의 성적 욕망은 방어하기 힘든 영역이 되었다.

젠더감수성, 성인지감수성, 성상품화, 성적대상화, 피해자중심주의와 같은 개념은 문화적으로 여성운동에 정당성을 부여하고 있으나 사실상 명확하게 개념화할 수 없고, 권리로서 논증되지 않은 개념들이다. 그럼에도 이를 명문화된 처벌과 규제의 영역에 기준으로 적용하려는 데서 갈등과 진통이 일어날 수밖에 없다. 리얼돌에 대한 규제요구도 이 연장선에 있다.

러브돌, 섹스돌이라고도 불리는 리얼돌은 사람의 형상을 본떠 만든 성인용품이다. 그간 국내에서는 제조와 유통이 가능했지만 수입은 허용되지 않아 수입업자가 소송을 냈다. 2019년 6월, 대법원은 세관을 상대로 소송을 낸 업체의 리얼돌 수입을 허가하라고 판결했다. 그러나 이 판결 이후 오히려 규제를 주장하는 여론이 일었고, 규제사례를 부각하는 보도들이 이어졌다. 특정인물과 아동을 형상화한 리얼돌을 규제해달라는 청와대 국민청원은 26만 명이 참여했고, 정부는 당사자의 동의 없는 리얼돌과 아동 형상의 리얼돌에 대해 엄격하게 규제하고 처벌하겠다 응답했다. 아동형상과 실제 인물을 모방한 주문제작형 리얼돌에 대한 규제 청원이었지만 여성들이 실질적으로 원하는 것은 리얼돌 자체에 대한 규제이다. 이들은 리얼돌 반대 시위를 열어 '인간으로서의 여성 존엄성을 훼손하고 성상품화를 부추기는 리얼돌은 전면 금지해야 한다'고 주장하고 있다.

국회는 여성들의 요구에 부응해 리얼돌 규제 법안을 발의(정인화 민주평화당 의원, 아동·청소년의 성보호에 관한 법률 일부개정법률안)했고, 국회입법조사처는 다양한 규제가 필요하다는 공식견해를 밝혔다. 여성가족부는 리얼돌의 제작과 유통은 합법임에도 당시 이정옥 장관이 직접 나서 여성과 아동의 보호를 위해서는 규제도 불사하겠다고 했다.

반면 소수의 리얼돌 이용자 외에 국가의 규제를 반대하는 목소리는 들리지 않는다. 리얼돌은 성기구이지만 인공지능 기술과 맞물려 점점 첨단화되는 산업이기도 하다. 하지만 20대 국회의 이용주 의원은 리얼돌의 산업적 가치를 검토해야 한다고 주장했다가 여성계의 포화를 맞고 사과했다. 리얼돌 규제 사안에서 중요하게 거론되어야 할 인간의 욕망과 실현, 사적 영역에 대한 국가의 개입에 대한 논의는 보이지 않고, 성상품화, 여성의 존엄성, 성적대상화와 같은 개념들만 인용된다. 리얼돌 규제 반대는 인간의 욕망을 억압하려는 국가권력의 오래된 습성을 통제하고, 불가침의 대상인 사적 영역의 자유를 보장받는 중요한 문제다. 그러나 논의는 오히려 반대의 방향으로 향하고 있다.

전통적으로 규제를 반대하고 자유와 권리에 민감하게 반응하던 좌파와 진보진영, 페미니스트들이 이 변화를 주도하는 특성을 보인다. 금지를 금지하라며 더 많은 자유를 외쳤던 세력이 오히려 규제를 요구하고 엄벌주의에 찬성한다. 주장의 기저에는 국가 대 개인이라는 구도 대신 정체성 정치에 기반한 성별대립구도가 깔려 있다. 강자·억압자·가해자(남성) 대 약자·피억압자·피해자(여성)라는 구도는, 권리를 제한하고 규제를 도입하려는 국가에 대한 경각심을 무너뜨린다. 이에 더해 약자의 보호와 권리를 위한다는 명분으로 국가에게 점점 권리침해의 권한을 부여하는 문제를 일으킨다.

한국은 유교 바탕의 문화적 규범과, 해방 후 들어온 기독교의 청교도적인 문화 규범이 한 번도 도전받지 않아 왔다. 성적 자유의 물결은 잠시 불었다 사라졌다. 성적인 것을 죄악시하고 비천하게 보는 금기의 감정 위에, 여성을 가부장적 사회에서 성적 착취 피해자로 규정하는 페미니즘이 만나게 된다. 유교, 기독교, 페미니즘이라는 세 영역의 금기가 연합해 성윤리의 기풍으로 자리 잡았다. 셋 중어느 하나만 받아들여도 성적 규제에서는 같은 결론을 지지하고 실천하게 되므로 막강한 힘을 발휘한다. 리얼돌 규제 주장이 힘을 받는 데는 한국사회의 이러한 특수성이 작용한다.

리얼돌 규제 주장은 다음 4가지 정도로 정리할 수 있다.

첫째, 실제 인간(여성과 아동)의 인격권을 침해한다.
둘째, 성범죄로 이어질 수 있다.
셋째, 여성의 인격권을 침해하는 성상품화다.
넷째, 성적대상화로 인간의 존엄을 훼손한다.

이 주장들은 권리논증을 거치지 않았지만 실제 힘을 발휘하고 있다. 하나하나 어떠한 논증 과정이 빠졌는지 살펴보자.

첫째, 실제 인물과 아동을 모방한
리얼돌은 인격권을 침해한다?

처음 리얼돌 규제를 주장한 이들이 편 논리는 실제인물을 모방한 코스튬리얼돌과 아동리얼돌이었다. 현행법상 제작이 합법이라 해도 이런 경우는 규제해야 한다는 것이다. 이들은 내 얼굴을 누군가가 똑같이 만들어 자위도구로 쓴다면 어떻게 하겠느냐, 아동을 리얼돌로 만들어 성행위를 한다면 가만둘 수 있겠느냐며 극단적인 사례를 부각해 규제를 주장했다.

그러나 실제 인물을 모방한 경우는 현행법을 통해서도 민형사상 처벌이 가능하다. 여성 연예인을 대상으로 한 성적 표현물이 해당 여성의 신고로 처벌받은 사례들이 있다. 실제 남성연예인을 주인공으로 등장시킨 팬픽, BL(동성애)물에는 매우 노골적인 성적 묘사가 등장한다. 대부분 여성들이 창작하고 실제 소비, 유통되지만 남성연예인은 법적 처벌을 시도하지 않기 때문에 문제되지 않을 뿐이다.

아동모방 리얼돌은 실제 인물이 아니라 아동 일반이라는 추상적인 차원의 인격권을 말한다. 이런 경우 아동을 어떻게 규정할 것인가 하는 선결문제를 해결해야 한다. 몸

집이 작으면 아동리얼돌인가, 앳된 얼굴을 묘사하면 아동인가, 성인의 얼굴에 미성숙한 몸일 경우는? 모두 규정이 모호하다. 선결문제 해결 없이는 광범위하고 모호하고 추상적인 금지에 해당한다. 아청법(아동·청소년의 성보호에 관한 법률) 개정 때도 이와 같은 논란이 있었다. 국가에게 권리 제한의 권한을 부여할 때는 엄격한 심사가 필요하다.

둘째, 리얼돌은 실제 여성에 대한 성범죄로 이어질 수 있다?

이 주장은 포르노에 대한 오래된 주장과 논리 구조가 같다. 여성운동가들은 "포르노는 이론, 강간은 실천"이라고 주장한다. 포르노를 통해서 여성에 대한 강간을 학습한 남성들이 실제 강간을 실천한다는 주장이지만 입증된 바는 없다. 이 논리대로라면 포르노를 합법화한 많은 나라들의 성범죄는 그렇지 않은 나라에 비해 현저히 높아야 할 것이다. 이 논리는 리얼돌을 이용하는 남성들이 실제 여성과 리얼돌을 대상으로 한 자위행위를 구분하지 못한다는 인식에 근거한다. 남성을 비하하는 논리이기도 하다. 사람들은 범죄와 범죄 아닌 것을 구분하고, 실제 성행위와 자위행위를 구분한다.

규제 주장자들은 리얼돌과 성범죄의 인과관계는 입증 되지 않았다 해도 상관관계는 존재한다고 한다. 만일 상관 관계에 대한 통계적 근거가 있다면(물론 없지만) 다른 영역 에서도 상관관계에 의한 금지원리를 일반론으로 받아들 여야 한다. 자동차의 증가는 자동차 사고의 증가를 불러 온다. 여성들의 경제활동 진출은 여성들의 우울증 증가와 상관관계가 있다는 연구결과가 존재한다. 아이스크림 소 비가 증가하면 자살률이 늘어난다는 데이터도 있다. 그러 한 이유로 자동차와 여성의 경제활동과 아이스크림을 금 지할 수 있는가?

또한 리얼돌과 실제 성행위 사이에 개연성이 있다는 논 리를 주장한다면 개연성은 일방향으로만 진행되지 않는 다는 사실도 수용해야 한다. 리얼돌을 이용한 후 만족스 러워서 실제 여성에 대한 강간을 저지르지 않는다는 개연 성도 존재한다는 것이다. 그런 개연성은 인정하지 않는다. 오직 리얼돌을 이용하면 강간으로 이어진다는 인과, 상관 관계만 주장한다. 성적 도구의 경우에만 인과관계와 책임 을 도출하는 주장은 틀렸다. 자동차 사고나 아이스크림과 같은 다른 영역에서는 금지를 일반원리로 받아들이지 않으면서, 원하는 결과를 위해 선택적으로 주장하는 논리는 합리성의 영역에서 수용될 수 없다.

셋째, 리얼돌은 여성에 대한 성상품화와 성적 도구화로 여성의 존엄성을 훼손한다?

성상품화가 문제라면 섹시한 남성의 몸을 드러내는 표현물이나, 남성 스타의 근육질 몸매 등 여러 표현물들이 같이 금지되어야 한다. 성상품화는 여성뿐 아니라 성적인 코드를 담은 모든 표현물에 해당하는 논리다. 무엇을, 어디까지를, 누가, 성상품화라 규정할 것인가? 성상품화는 왜 나쁜가? 개념의 명료화를 위한 노력도, 권리논증도 없는 불성실한 주장이다. 남성의 성기 모양을 한 여성용 자위도구도 금지할 것인가?

리얼돌이 왜곡된 여성상을 유포시킨다는 이유로 금지되어야 한다면, 신데렐라 콤플렉스 창작물과 순정물 또한 금지되어야 할 것이고, 왜곡된 남성상을 유포한다는 이유로 영웅물이나 전쟁물도 금지되어야 할 것이다. 성기 중심으로 남성을 사고하게 한다는 이유로 남성 성기 모양의 딜도도 금지할 수 있다. 인간상을 왜곡한다는 이유로 표현물을 금지한다면 많은 표현물이 금지의 덫에 걸린다. 인간상의 왜곡은 모든 판타지물에 있는 일이고 사람들은 그 이유로 판타지를 소비한다.

여성을 성적 도구화 하기 때문에 리얼돌 이용은 문제라는 주장이 있다. 자위는 남녀 불문 가장 내밀한 행위다. 누구의 권리도 침해하지 않으면서 성적 취향과 욕망을 만족시키는 행위로 성적자기결정권의 영역이다. 여성을 비하한다는 이유로 자위도구를 금지한다면 여성을 비하하지 않으면서 가능한 자위행위는 무엇인가? 자위행위는 여성을 성적 욕망의 대상으로 하고 이는 자연스러운 행위일 뿐 부당하다고 비난받을 일이 아니다. 성별을 불문하고 성적 욕망의 대상을 갈구하는 것은 부인할 수 없는 인간의 본질적인 욕망에 해당한다.

넷째, 리얼돌은 여성을 성적 대상화(sexual objectification)하여 인간의 존엄성을 훼손한다?

많은 대상화들과 구분해서 성적인 대상화만 금지되어야 한다면 마땅한 이유가 있어야 한다. 우리는 성적으로 대상화한다는 이유로 즉각 해당 존재에 대한 비하나 왜곡,

인격적 침해를 하지는 않는다. 예를 들어 어떤 존재의 성적 아름다움을 거론한다고 해서 인격적 침해가 일어난 것은 아니다. 이는 대상화라는 용어의 개념을 오남용하기 때문에 일어나는 문제다.

대상화는 기능적인 특수성을 부각하거나 활용하는 방식과 태도이다. 인간의 신체를 표현하는 방식은 다양하다. 화장품 광고에 등장하는 입술, 운동기구 홍보를 위한 탄탄한 가슴팍, 머리칼, 얼굴 등등, 필요에 따라 신체의 특수한 부위에 초점을 맞춘 행위가 있다해서 인간을 비인간화시키는 것은 아니다. 이를 비인간화라 부르지 않는다. 표현물들은 각각의 표현 영역을 가지며, 그 표현이 전인격적인 모든 요소를 다 포함하는 것은 아니기 때문이다. 이는 표현물의 목적과 한계에도 맞지 않는다. 운동기구를 홍보하는데 등장한 근육질의 모델에 열광하는 것은 전인격적인 인간으로서가 아니라 운동으로 신체를 잘 관리하는 기능성에 초점을 둔 부분적 판타지이다.

포르노나 리얼돌도 마찬가지다. 성적 도구는 필요를 충족시켜주는 표현물일 뿐 견해를 확인하거나 창출하지 않는다. 성적 욕구는 필요의 영역이지 태도가 아니다. 존재하지 않는 견해를 억지로 도출해서 비난하고 표현물을 없애자고 주장하는 것은 타인의 필요를 억압하고 경시하는 태도이다. 이 태도가 성적대상화 개념을 오남용한다. 규제를 주장하는 자들은 자신이 반대하고자 하는 사안에서 다른 사람들을 수단으로 대우하는 측면이 있다고 지적한 후, 대상화(objectification)라는 이름을 붙인다. 수단으로 대우하는 측면만 있으면 대상화라는 이름을 붙인 다음 바로 금지 대상으로 간주한다. 성적 대상화라는 딱지를 붙임으로써 즉각 경멸스럽고 비인간적인 것으로 매도한다.

사회생활을 하는 인간은 상호 수단적으로 연결될 수밖에 없다. 헬스강사는 나의 신체기능을 향상시키는 수단이고 나는 헬스강사의 생계를 위한 수단이다. 교수와 학생, 부모와 자식, 상인과 소비자 등, 모든 인간관계에는 상호 수단적인 측면이 있으며 여기에서 수단이란 '나의 욕구와 행복과 이익을 위해 이용하는'이란 의미이다. 그런데 대상화의 개념을 남용하면 무엇이든 나쁘게 부를 수 있다. 리얼

---

* 성적 대상화에서 금지를 도출하는 것은 대상화(objectification)가 아니라 성(sexual)에 있다. 리얼돌에서 성적 대상화라는 용어는 동의능력, 행위능력, 자기결정능력이 있는 주체를 다룬다는 오해를 불러일으킬 수 있다. 원래 금지가 가지고 있는 맥락을 보다 정확하게 전달하는 데에는 대상화보다 객체화라는 용어가 적절하다.

돌이라는 도구 이용은 성적 대상화이며 이 대상화 때문에 여성이 인간 이하의 존재로 격하된다는 주장은 왜곡된 존엄성 개념 이미지에 의한 주장일 뿐, 이 사안에서 객체화*는 사실상 아무런 작용을 하지 않는다.

기능적인 특수성을 부각해서 활용하는 다른 활동들은 문제 삼지 않으면서 성적인 것을 표현하면 '대상화'라는 용어를 사용하는 자체가 차별적 용어 사용이다. 이러한 차별적 용어 사용은 섹스 자체가 비인간적이라고 생각하는 반육체적, 청교도적인 성혐오주의에 근거한다.

리얼돌 규제 주장에는 주장만 있다

'리얼돌은 성적대상화다→이는 여성의 몸을 착취하는 것이다→인간 존엄성을 해치므로 규제가 마땅하다'와 같이 자유연상을 고리화한다면 금지 대상에서 벗어날 수 있는 사안은 없다. 이 자유연상 과정에는 아무런 권리논증이 없다. 기본권은 단순하고 사변적인 자유연상으로 제한할 수 없다.

리얼돌 규제 주장은 법체계의 정확성에도 어긋난다. 욕망에 대한 충족을 현실화한다는 것은 판타지의 소비자가 책임 없는 주체라는 전제다. 현실에서 처벌을 받는 부분은 '행위'다. 하드코어 살인물을 본 후 충동적으로 살인을 저질렀다고 주장하는 범죄자의 경우, 그 표현물을 봤다고 해서 살인행위를 면책해주지 않는다. 우리 법률은 문화물을 봤을 때 통상적인 방식으로 소비하는 이성적인 행위자를 전제로 한다. 이성적 행위자가 아니라고 판단할 때 면책이 되어 책임조각사유가 된다. 한 사람이 범죄를 저지른 데에 표현물이 영향을 끼쳤다고 해서 표현물을 규제한다면, 범죄를 저지르지 않은 무수한 사람들의 권리를 제한하는 행위다.

또한 범죄자는 행위의 책임을 외부에 떠넘기려는 속성을 갖는다. 도덕적 책임에서 벗어나고 사회에 널리 퍼진 속설에 부응해 면책을 받기 위함이다. 모든 사건은 원인과 결과가 있다. 성경을 읽고 심판을 위해 연쇄살인을 했다 해서 성경 탓이라 할 수는 없다. 원인은 성경을 잘못 읽고 행위로 나아간 것에 있지, 읽은 것 자체나 성경출판자의 잘못은 아니다. 인과성의 사슬에서 어떤 사람의 주체적인 결정-심판을 위해 살인을 결심한 한 살인자의 결정-이 개입하는 순간, 이를 규범적인 인과관계로는 수용할 수 없는 것이 법원리의 중대한 원칙이다.

리얼돌 규제는 중요한 기본권인 성적자기결정권을 침해한다. 타인의 권리를 직접적으로 침해하지 않는 한, 모든 개인은 성적취향의 자유를 누릴 수 있다. 일부 범죄 가능성의 예를 들어 규제를 지지하는 것은 부당한 국가권력의 남용으로 이어질 수 있다. 우리 헌법 제17조는 "모든 국민은 사생활의 비밀과 자유를 침해받지 아니한다"고 했다. 대법원의 판결문에서처럼 "개인의 사적이고 은밀한 영역에 대해서 국가의 간섭은 최소화되어야 한다."

리얼돌 규제를 주장하는 사람들은 자신의 성적자기결정권을 행사할 권리에 더불어, 타인의 성적자기결정권을 행사하는 지배권까지 갖게 된다. 다른 구성원들은 자신의 성적자기결정권이 타인에 의해 지배당하는 권리의 훼손을 경험한다. 이는 사회구성원들 사이에 권리행사의 불평등을 일으키는 문제다. 모든 국민은 자유를 가진 인격적 존재로서 평등하다.

리얼돌 규제를 주장하는 중요한 원인 중 하나는 가치와 규범을 혼동하는 것이다. 규범은 어떤 행위를 모든 사회구성원이 동등하게, 예외 없이 이행해야 할 책무를 부여하는 것이고, 가치는 상호주관적으로 공유되는 선호다. 규범은 타당하거나 타당하지 않거나 이지만, 가치는 괜찮음 혹은 나쁨, 매력적임과 같은 주관적 판단요소를 포함한다. '여성이 인격적으로 존엄하게 대우받을 권리를 침해한다'는 리얼돌 규제 주장은, '인격', '존엄', '침해', '권리' 같은 개념을 주관적인 판단의 해석자들이 좌우할 수 있는 위험성을 가지므로 규범의 근거로는 적용할 수 없다. 자신의 정치적, 종교적, 문화적 신조에 따른 규범을 모든 사람이 마땅히 해야 할 행위라고 주장하면서 타인의 자유를 제약하고 자신의 신념을 불공정하게 주입시키는 것은 인간 스스로의 궁극적 자율성을 무시하는 행위다.

금지를 금지하라

우리 헌법 제37조 1항은 "국민의 자유와 권리는 헌법에 위배되지 아니하는 이유로 경시되지 아니한다"고 하였고, 37조 2항은 "모든 국민의 자유와 권리는 국가의 안전보장 질서유지 또는 공공복리를 위하여 필요한 경우에 한하여 법률로써 제한할 수 있으며, 제한하는 경우에도 자유와 권리의 본질적인 내용을 침해할 수 없다."라고 규정하고 있다.

지금 성적 영역에서 규제를 주장하는 이들은 헌법에 보장된 자유의 견해를 바꾸는 전략을 사용한다. 이전에는 안전, 전통 가치, 덕과 같은 가치(value)들이 자유를 공격하는 추세였다면, 요즘은 자유 자체의 개념을 변형한다. 이는 세계적인 추세이기도 하다. 진보 매체들은 리얼돌 논란에서 이를 혐오하는 여성들의 입장을 대변하며 인간 존엄 개념을 내세우고, 규제하는 국가들의 사례만 부각한다. 리얼돌이 여성의 지위를 위협한다고 주장한다. 여성의 지위는 포르노물의 금지, 성적 표현물이나 도구의 금지가 아니라, 한 사회의 문명화, 근대화, 법치주의와 시민의식의 성숙도로 결정된다.

리얼돌이 누구의 권리를 침해하는가? 권리의 단위를 아동, 여성과 같은 집단정체성으로 적용할 수 있는가? 사적 영역에 대한 국가의 개입을 어디까지 용인할 것인가? 인간의 가장 본질적인 욕망과 상상을 범죄화하고 금지하는 일은 온당한가? 더 많은 자유를 외치며 국가의 억압에 대항해 왔던 진보는 어디에 서 있는가?

리얼돌 규제사태를 판단하는 중요한 기준은 개인의 자

유와 권리를 훼손하지 않고 시민들 사이의 동등한 지위를
보장하는 공정성이다.

우리는 점점 자유의 감각을 잃어가고 있다.

2019년 6월 13일, 대법원은 "리얼돌 성기구는 사용자의 성욕
구 충족에 은밀하게 이용되는 도구에 불과하고, 개인의 사적
영역에 대한 국가의 개입은 최소화해야 한다"고 하면서 "통관
보류 처분을 취소해야 한다"고 판결한 바 있다.
(대법원 2019.6.13. 선고 2019두35503 판결, 심리불속행)

그러나 2021년 11월 25일, 민유숙 대법관은 "아동의 형상을
한 리얼돌은 아동에 대한 잠재적인 성범죄의 위험을 증대시킬
우려가 있다"며 수입업자가 승소한 원심을 파기하고 수입통
관을 금지하는 새로운 판결을 내렸다. (2021두46421) 그러나
아동 '형상'에 대한 대법원 판결의 기준은 모호하다. 여성계는
여전히 전면적인 리얼돌 유통금지를 요구하고 있다.

5

다시, 여전히 인간

세상을 바꾸는 일은 참 어렵다.
단박에 되는 일도 아니다.
하지만 인간에 대해 이해하려는 노력은 언제든 가능하다.

내가 '프로불편러'의 삶을 떠난 까닭
<생활의 달인>이 가르쳐준 삶의 여러 결

오래전 즐겨 보던 TV프로그램 중에 <생활의 달인>이라는 프로가 있다. 자신의 일에 능숙한 기능을 가진 사람을 보여주는데 정말 입이 떡 벌어졌다. 능숙이라는 표현으로는 부족할 만큼 인간의 경지를 벗어난 솜씨였다. 달인들은 공장부터 농어촌 마을의 작업장, 허름하고 분주한 식당까지 거의 모든 노동현장에 존재한다. 머리에 쟁반을 몇 층씩 쌓아 올린 채 북적대는 인파를 헤치고 유유히 밥 배달을 하는 달인, 매의 눈으로 불량품을 잡아내는 달인, 뭘 던지면 필요한 곳에 정확히 꽂히는 던지기 달인, 종이봉투 접기의 달인... 셀 수 없이 많은 일터에 달인들은 낮달처럼 숨어 있다 별처럼 빛났다. 그들의 기능을 테스트하기 위해 어려운 미션들이 주어져도 기가 막히게 성공시켰다. 나도 모르게 박수가 나왔다.

나의 좌파 친구는 그 프로그램을 싫어했다. 화면 속에는 열악한 환경들이 자주 보였다. 유해한 물질을 다루거나 위험에 노출된 경우 달인들의 몸은 상처가 나 있기도 하고, 반복된 노동으로 신체 일부가 기형적인 모습이 된 경우도 있었다. 친구는 장시간 노동, 위험한 환경에 노출된 노동자들의 실제 삶을 가리고, 화면 너머의 진실을 왜곡하는 프로그램이라고 비판했다. '프로불편러'다운 태도다.

나도 달인들의 닳아빠진 손끝, 공장의 열악한 환경, 생산성과 비례하지 않은 임금 같은 것이 눈에 들어오지 않은 것은 아니다. 하지만 불편함들보다 달인들의 표정, 고유하게 몸에 밴 태도들이 먼저 보였다. 넉넉함, 편안함, 선함 같은 것들이다. 그들은 아무와도 경쟁하지 않았고 그럴 필요도 없었다. 대부분 자신의 월등한 능력으로 같은 시간에 동료들의 몇 배가 넘는 일을 해냈다. 손이 모자란 자리에 가서 기꺼이 모자람을 채워 주면, 동료들은 찬사와 우정으로 답했다. 봐도 봐도 질리지 않는 달인들의 능력이 그 일터에서는 늘 화제였다. 아, 어떤 경지에 이른 사람들은 저런 얼굴이 나오는구나…. 하나같이 넉넉하고 선한 분위기가 비슷한 게 신기하고, 그 기운이 화면 너머로 전해지는 것 같아서 좋았다.

사람이 보인다

좌파는 불편함을 업으로 삼은 사람들이다. 불편을 감지하고 그 불편함을 주장하는 것이 사회를 이롭게 한다고 믿는다. 실제로 그들의 항변이 세상의 변화를 만들어낸 경우도 있다. 좌파는 매의 눈으로 자본주의의 이데올로기 공세를 감지하고 그것의 위험을 알리는 역할을 한다. TV프로그램 하나라도 아무 생각 없이 넋 놓고 보다가는 진짜 넋을 빼간다는 경고를 보낸다. 나도 불편러이던 시절 그랬다. 그래서 PC함(정치적 올바름: Political Correctness)에 대한 강박이 왜 생기는지, 어떻게 발현되는지 사고의 과정을 안다.

하지만 그들이 놓치는 것이 있다. 인간이라는 존재에 대해 이해하려 하기보다는 인간의 사고와 행동을 자신들의 목적에 맞게 통제하려는 욕망이 우선이기 때문이다. 달인에 대한 찬사 속에 가려진 열악한 노동조건과 구조의 문제는 눈에 들어올지언정, 정작 그 노동 속에서 자신의 존엄과 행복을 느끼고 사는 달인이라는 개별 인간 자체에는 관심이 없다. 인간은 조금 못나고, 돈을 덜 주고, 자신을 둘러싼 환경에 불합리한 면이 있다 할지라도, 그와 별개로 자신의 일에 만족하고 보람을 느낄 수 있다. 손끝이 문드러지고 손가락이 휘어지면서도 자신의 기능을 연마하는 일을 멈추지 않고, 심지어 자신의 손에 자부심을 느낄 수도 있다. 그런 한 인간이 어쩌다 노조 활동을 하기도 하고, 사장의 측근이 되어 노조를 방해할 수도 있다. 인간은 그렇게 다양한 존재이며 같은 환경에 있다고 해서 똑같은 사고체계를 가지지 않는다. 얼마나 알 수 없는 존재인가 인간이란 종種은.

인간에 대한 이해가 없이 세상을 바꾸겠다는 말은 공허하고 위험하다. 해외아동을 후원한다고 하면 국내에도 어려운 아이들 많은데 왜 외국 아이들을 후원하느냐는 사람들이 있다. 북한의 굶주린 아이들에게 쌀을 보내자고 하면, 한국에도 굶는 아이들 많은데 왜 북한 아이들을 돕느냐고 반대하고, 부잣집 아이들까지 왜 공짜밥을 먹이느냐며 무상급식에 반대하는 사람들도 있다. 좌파는 기부행위나 자원봉사에 비판적이다. 기부와 시혜는 근본적인 모순을 해결할 수 없을 뿐 아니라, 그 모순을 지탱하는 사악한 장치라고 여기기 때문이다. 재벌의 손주까지 왜 공짜밥을 먹여야 하느냐고 분개하는 이웃을 실제로 봤다. 심지어 자기 아이가 무상급식의 대상인데도 제도를 반대한다. 자신의 이익 앞에서는 언제나 이기적인 선택을 하는 것이 인간이라고 생각했는데, 눈앞의 이익을 포기하면서도 자기 신념을 고집하는 사람들이 있다. 인간은 이렇게 알 수 없는 존재다.

인간을 이해하려는 노력

세상을 바꾸는 일은 참 어렵다. 단박에 되는 일도 아니다. 하지만 인간에 대해 이해하려는 노력은 언제든 가능하다. 다만 중요한 것은 그 다음 과정이다. 이해는 하되 관용할 것인가 말 것인가, 관용하지 않는다면 어떤 선부터인가, 나에게는 그 기준이 존재하는가, 그 기준이라는 것에 대해 진지하게 고민한 적은 있는가, 내 기준은 타인의 권리를 침해하지 않는가, 내 기준을 확장시킨다면 타인의 자유와 권리가 더 확장될 수 있는가, 이런 고민은 언제든 가능하다.

달인을 욕하는 좌파 친구의 얼굴이 낯설어 보이기 시작하면서 나는 그런 고민을 시작했다. 달인 곁에서 해맑게 웃는 나쁜(놈인지는 알 수 없는) 사장놈을 무작정 비난하기 전에, 나는 이 사회에 대해 얼마나 책임감을 가진 개인인지 먼저 점검하기로 했다. 낯설어 보이는 좌파 친구들을 포함해 인간이란 존재에 대해 계속 생각하면서, 사는 동안에 모든 걸 해결하려는 조급함을 버렸다.

사회불만세력으로 매사 뾰족하게 굴던 때는 내가 원하는 세상으로 바꾸는 게 가능하다고 생각했다. 어리기도 했고, 불가능이란 가능성을 생각조차 해보지 않을 정도로 무모함에 휘둘렸다. 가시돋친 말들을 타인에게 쏟아내고 우쭐대던 좌파, 혁명으로도 불가능할 것 같은 변화를 원하면서 그걸 짧은 생에 관철하려는 욕심까지 부렸고, 말에 대해 책임감도 없는 불편러, 그게 나였다. 이런 자각의 시간을 겪고 난 후 비대한 자아가 줄어들기 시작했다. 천천히 생각하고, 늦더라도 바르게 판단하는 습관을 만들었다. 그런 과정을 거친 생각의 결과는 다수의 압력이 있더라도 흔들리지 않으려 노력했다. 나는 오히려 단단해졌고, 누구의 편도 아닌 자리에 혼자 서 있을지라도 버틸 수 있는 힘이 생겼다. 사유의 힘이다.

인간을 온전히 이해한다는 건 아마 평생 불가능한 일
일 것이다. 스스로 원칙을 정하고 이를 지키기 위해 노력
할 뿐이다. 섣불리 비난하지 않고, 인간을 수단으로 여기
지 않고, 내가 원하는 목적을 이루기 위해 타인의 삶을 제
물로 삼지 않을 것. 불편러의 삶보다 훨씬 어렵다.

하지만 적어도 내 양심과 충돌하지는 않는다.

인간 존엄 말하는 켄 로치 감독
<나, 다니엘 블레이크>가 놓쳤던 물음에 관하여

아직 자본주의에 할 말이 남았다는 듯, 켄 로치 감독은 80세의 나이인 2016년에 은퇴를 번복하고 <나, 다니엘 블레이크>를 만들었다. 그는 2019년에도 배달노동자의 열악한 노동과 삶을 다룬 <미안해요, 리키>를 발표했다. 산업구조가 변화하면서 생긴 대표 직종인 플랫폼 노동자가 주인공이다. 여러 명작을 남긴 노장이면서 일생을 좌파 영화감독으로 살아온 켄 로치다운 작품이라는 평가다.

그의 2016년작 <나, 다니엘 블레이크>는 심장질환으로 일할 수 없게 된 늙은 목수 다니엘의 질병수당 신청 분투기이자, 어린아이 둘과 노숙자 쉼터를 전전하다 다니엘의 이웃이 된 싱글맘 케이티의 처절한 생존기이다. 백전노장 좌파 감독 켄 로치는 이 둘의 삶을 통해 영국 보수당의 복

지정책과 민영화, 영혼 없는 관료들이 어떻게 인간의 자존심을 짓밟고 존엄을 무너뜨리는지 보여준다. 한편으로는 서로에게 필요한 도움을 주고, 위안이 되는 이웃들의 모습을 통해 연대가 어떻게 인간의 존엄을 지탱하고 있는지도 보여준다. '인간이 자존심을 잃으면 다 잃는 것'이라는 다니엘의 대사는 이 영화를 관통하는 메시지다.

켄 로치는 자본주의와 신자유주의 같은 '나쁜' 체제와 성실히 일하지만 가난한 시민을 대립시킨다. 선과 악, 가해자와 피해자, 강자와 약자의 구도가 선명하고 익숙하다. 관객들은 누가 가해자인지, 무엇이 정의이고 불의인지 바로 파악한다. 이 교과서 같은 구도의 이야기를 지루하고 뻔하지 않게 풀어가는 것이 영화의 장점이다. 영화를 본 관객은 대부분 인간의 존엄을 지켜야 한다는 감독의 메시지에 공감한다. 사실 '인간의 존엄'이라는 지당한 대의를 부정할 사람은 없다. 나쁜 강자의 악한 정책들도 명분은 인간의 존엄을 위한 것이다.

하지만 나는 이 영화의 한 장면에서 인간의 존엄에 대한 감독의 지당한 존중에 의문이 들었다. 그래서 조금 다른 물음을 던져보려 한다. 나쁜 강자가 표방하는 인간의 존엄과, 선한 약자가 주장하는 인간의 존엄은 어느 지점에서 어떻게 갈리는가? 강자는 언제나 존엄을 훼손하는 존재이고, 약자인 우리는 훼손당하기만 하는 피해자인가? 존엄의 진정한 의미는 무엇이고, 우리는 어떻게 나와 타인의 존엄을 지켜야 하는가?

다니엘의 순도 100퍼센트 선의

케이티는 생리대와 여성용품을 훔치다 마트의 관리인에게 들킨다. 그 상황 이전에도 그녀는 식료품 배급소에서 허겁지겁 통조림의 소스를 덜어 먹다 주저앉고 만다. 허기로 덜덜 떨리는 손을 닦으면서 그녀는 내 삶이 늪에 빠진 것 같다며 운다. 사면초가의 늪에서 케이티가 선택한 일은 성 노동이다. 우연히 이를 알게 된 다니엘은 업소에까지 찾아간다. 당황한 케이티 앞에서 다니엘은 그녀의 처지를 비참해하며 운다. "이런 일까지 하지 않아도 돼⋯." 이제 막 시작한 이 일로 삼백 파운드를 벌었고, 아이들에게 신선한 과일을 먹일 수 있다고 변명처럼 항변해보지만, 그녀 역시 비참해진다.

바로 이 장면과 다니엘의 말 '이런 일'에서 나는 혼란스러워졌다. 지지, 자존심, 존엄의 실체가 무엇인지 헷갈렸기 때문이다. 다니엘은 케이티의 성 노동을 아무리 힘들어도 인간이라면 하지 말아야 할 행위로 여긴다. 식료품 배급소에서는 그녀가 혹여 타인들 앞에서 비참해질까 봐 너의 잘못이 아니라고 위로해 주었는데, 케이티의 노동인 성매매에 대해서는 타인의 시선으로 안타깝게 그녀를 바라본다. 다니엘의 안타까움은 순도 백 퍼센트 선의다. 그래서 케이티는 더 비참하다. 자신이 신뢰하고 소중하게 여기는 사람에게 들켜버린 치부, 그의 기대에 부응하지 못한 미안함. 복잡한 마음이 얽힌다. 다니엘의 선의는 과연 그녀의 존엄을 지켜주는 것일까?

인간에게 존엄이란 추상적인 의미가 아니다. 좋은 삶이란 어떤 것인지 스스로 규정할 수 있을 때 인간은 존엄을 지킬 수 있다. 아무리 돈을 많이 준다 해도 이 일은 하지 않겠다든지, 남들이 어떻게 보든 나는 이 일이 괜찮다든지 그 기준을 내가 정할 수 있을 때 '나'는 실존적으로 존엄한 존재가 된다. 타인의 삶에 위해를 가하거나 위법한 일이 아닌 이상 누구든 자기 삶의 기준을 스스로 정할 수 있고, 타인은 그 기준을 존중하도록 보장해야 한다. 케이티의 선택이 그녀 개인이 가진 삶의 기준에서 문제가 되지 않는다면 이 노동은 그녀의 존엄을 해치지 않는다. (성매매 노동은 영국에서는 위법이 아니다.) 그녀는 그날 잠깐의 노동으로 삼백 파운드를 벌었고 노동의 성과로 아이들에게 신선한 과일을 먹일 수 있게 됐다. 그 교환이 그녀에게 의미 있다면 그걸로 된 것이다.

하지만 그 노동을 비참한 일로 평가하는 타인의 규범에 노출된 순간 그녀는 불행해진다. 그 타인이 자신에게 의미 있는 존재일수록 자존심은 더 크게 무너지게 된다. 성 노동자가 느끼는 모멸감은 내 이웃, 내가 속한 사회, 내가 소중하게 여기는 이들이 성 노동을 바라보는 시선 때문이다. 그것은 노골적인 멸시나 비난이 아니라 다니엘의 경우처럼 선의에 기반한 연민을 통해서도 드러난다. 사회구성원들이 편견의 시선으로 성 노동자를 바라보는 한, 그들은 스스로의 기준에서 문제 되지 않는다 해도 자기 존엄을 확신하지 못한다.

성 노동은 왜 '이런 일'이 될까

노련한 좌파 감독은 인간의 존엄을 파괴하는 체제를 여느 때처럼 비판하면서, 그 안에서도 자존심을 잃지 않고 최소한의 존엄을 지키려는 사람들을 보여준다. 영혼 없는 관료 집단에도 최선을 다해 남을 도우려는 선한 존재가 있고, 동료시민의 어려움을 외면하지 않고 서로의 작은 울타리가 되어주는 선한 이웃들이 있다. 주체로서 나의 의지, 동료시민의 우애, 작은 저항들이 곳곳에 배치된다. 인간의 존엄을 해치는 나쁜 체제에 날카로운 비판을, 그 체제 안에서 살아가고 있는 약자들에게는 연대의 필요와 우애에 대한 찬사를 보낸다. 비판과 찬사, 그 양자 사이에서 나는 물음 하나가 아쉽다. 과연 인간의 존엄을 위협하는 것은 나쁜 체제, 나쁜 권력, 나쁜 강자들일 뿐인가?

만일, 성 노동을 하게 된 케이티에게 가장 가까운 이웃이면서 신뢰하는 조력자 다니엘이 "네가 어떤 일을 하든 내게 너는 똑같은 케이티야", "너의 수고로 아이들에게 신선한 과일을 먹일 수 있어서 다행이야"라고 말해주었다면 어땠을까? 성매매에 대한 가치판단은 잠시 뒤로 하더라도 케이티가 느꼈을 비참함은 훨씬 덜하지 않았을까?

다니엘처럼 케이티 또한 열심히 살았고, 성심껏 이웃을 도왔으며, 타인에게 해를 끼치지 않았다. 그녀는 다니엘에게 고마움을 표하기 위해 저녁을 대접하고 자신은 손이 떨리는 허기를 감내하며 굶는다. 나는 타인의 도움을 인식하고, 이를 고맙게 여기며, 최선을 다해 돌려주려 노력하는 인간이라는 것. 그것이 밑바닥 삶 속에서도 그녀가 지키려는 자존심이다. 다니엘은 그녀의 배고픔을 알면서도 기꺼이 호의를 받아들인다. 그녀의 자존심을 먼저 배려하는 그 태도가 왜 성 노동을 선택한 상황에서는 지켜지지 못했을까?

켄 로치 감독은 이 영화를 개봉하면서 가난은 너의 잘못이라고 말하는 우리의 잔인함이 문제라고 했다. 그렇다. 성 노동을 '이런 일'이라고 비하하는 것 또한 성 노동자에게는 잔인한 일이다. 힘겨운 삶을 겨우겨우 살아내고 있는 우리한테는 비록 선의에 기댄 것일지라도 편견이나 평가, 심판의 말 대신 영화 속 다니엘의 말처럼 '그저 기대어 쉴 바람이 필요할 뿐'이다.

나와 당신이 서로에게 그 바람이 되어줄 때, 비록 나쁜 존재들이 삶을 나락으로 떨어뜨릴지라도 우리는 자신의 존엄을 지킬 수 있다.

진보와 진일보 사이에서
드라마 <송곳>, 한 걸음의 진전

2025년 현재 제 266대 교황인 프란치스코는 선출된 후
부터 파격적인 행보를 보여왔다. 그 가운데서도 2015년 '자
비의 희년'을 맞아 시행한 낙태 사면권 부여는 도드라지는
조치였다. 프란치스코 교황은 낙태를 속죄하고 용서를 구
하는 여성과 시술 의사를 사면한다고 발표했다. 낙태는 가
톨릭에서 파문에 해당하는 중죄다. 교황의 결정은 그야말
로 파격이었다. 2015년 12월부터 2019년 11월까지, 1년 동
안의 한시적 사면이었고, 기존의 교리를 바꾸는 건 아니라
고 하면서도 교황은 이렇게 말했다.

그동안 낙태라는 고통스러운 결정을 내리면서 마음의 상처를 입
은 많은 여성을 만났고, 이는 불행하게도 선택의 여지가 없는 실

존적이고 도덕적인 비극이다.

낙태가 여성 개인의 도덕적인 문제가 아니며, 여성만
의 책임도 아니라고 말해준 것이다. 하지만 친여성적이
고 진일보한 관용을 보인 가톨릭의 발표는 신랄한 비판
의 대상이 되기도 했다. 한 여성 작가는 자신의 소셜미디
어에 "원치 않는 임신에 적극 기여한 사회의 한 부류가 바
로 사제들인데 누가 누구의 죄를 사해주는가"라며 성추문
이 끊이지 않은 가톨릭을 정면으로 비판했다. 또 프란치스
코 교황이 좀 나은 인간이라 하더라도 교황 한 사람의 구
원으로 행해지는 조치는 결국 가톨릭이 벌이는 코미디라
조소했다.

그의 행위는 낙태에 대해 완고하게 범죄라 하는 교단 내
보수적인 세력에게는 못마땅한 일일 테지만, 해당 여성들
의 고통을 적극 끌어 안으려는 세력에게는 든든한 보호막
이 되어주었을 것이다. 종교 안의 제도를 변화시키는 일에
굳이 세속의 잣대를 들이대서 역겹다고 조소하는 행위가
더 정의로운 일이라 보기는 어렵다.

생명을 죽였다는 죄책감에다 교리상 중죄를 저질렀다

는 죄의식까지 가지고 살았을 여성들에게 교황의 조치는 위로와 치유가 되었다. 교황의 사면이 역겨운 코미디라 일축할 만큼 가치 없는 일이었을까?

시와 때에 관하여

누가 누구를 구원한다는 자체가 있을 수 없는 일이며 여성의 낙태는 선택이고 권리여야 한다는, 그래서 낙태를 죄로 벌하는 가톨릭의 행위에 대한 비판은 당연히 계속되어야 한다는 주장은 일리가 있다. 그러나 주장이 본래의 의미대로 전달되고 대중적인 설득력을 가지려면 간과하지 말아야 할 조건이 있다.

바로 시와 때의 적절성이다. 교황이 제왕적인 권력을 가졌다고 해서 종교집단에서 교리에 반하는 결정을(한시적이라는 전제가 있다 해도) 내리는 일은 쉽지 않다. 어떤 조직이든 기존의 질서를 흔드는 일은 어렵다. 특히 세속과는 다른 규율로 움직이는 종교는 더 그럴 것이다. 내가 생각하는 바람직한 방향의 행위라면 그 안에서 변화를 위해 싸우는 사람을 응원해주는 일이 필요하다. 그렇지 않으면 결국 내부의 보수(혹은 근본)주의자들한테 비난받고, 외부의 진보(혹은 급진)주의자들한테 비난받아, 결국 조직 안에서 고

립되어 싸울 동력을 잃게 된다. 집단 안에서는 수세에 몰리더라도 밖에서 지지하고 함께 싸워준다면 내부는 자극을 받고, 다음 단계로까지 가지 못하더라도 적어도 지금의 싸움에서 지지 않을 수 있다. 그래서 행동을 하고 있는 바로 그때, 나는 비난보다는 응원을 바란다.

> 당신들의 용기 있는 행동을 지지합니다. 낙태를 죄로 여기고 고통받았을 가톨릭 안의 많은 여성들에게 용기와 위로를 주고 있습니다. 우리는 낙태가 죄가 아니며, 여성만의 책임도 아님을 확인하며, 앞으로 가톨릭이 여성의 권리와 함께하는 종교로 변화하기를 희망합니다.

이렇게 말해주었으면 어떨까? 강도 높은 비난은 가톨릭에서 여성의 낙태를 벌하거나, 그와 비슷한 일이 일어날 경우에 해도 늦지 않을테니 말이다.

이런 안타까움은 노동운동에서도 종종 느껴왔다. 정규직 노조가 비정규직 노동자들에게 이로운 무언가를 하나 따냈을 때, 그래봐야 너네는 착취의 한 축일 뿐 쇼하지 말라고 비난하기보다, 잘했다, 앞으로 더 잘해라, 라고 말해

줄 때 안에서도 개혁 세력이 힘을 받을텐데 그런 경우를 찾기 드물다.

전부가 아니면 전무일 뿐인 주장들을 볼 때면 '진일보' 와 '진보'라는 말을 떠올린다. 변화와 진보를 이야기하면 서 변화와 진보의 움직임이 보일 때 이를 격려하고 응원 하기보다 근본을 들이대며 흠결을 찾으려 하는 경우도 많 이 본다. 특히 우리 편이라고 생각하는 사람들이 그렇다.

드라마 〈송곳〉, 한 걸음의 진전

가톨릭의 낙태 허용 조치가 있던 시기에 한국에서 처음 으로 노동조합 활동을 주제로 한 웹툰 〈송곳〉이 연재됐다. 막 노동조합 활동을 시작한 사람과 오랜 노동운동가가 주 인공이다. 노동법이 나오고, 비정규직이 나오고, 해고 문 제도 다뤘다. 그런 만화가 일부 운동권만 자족하고 마는 걸로 끝나지 않고 한국 제일의 포털에서 연재되며 인기를 얻었다. 수십만 명이 동시에 이 만화를 보며 환호하고, 노 동자로서 위로받았을 뿐 아니라 실제 직장 안에서 문제를 해결하는 데 도움이 되었다는 독자도 있었다.

〈송곳〉은 드라마로 제작되어 TV에서 방영되는 성과도

일궈냈다. 그동안 노조가 주요 무대인 드라마는 거의 없었고, 그나마 노조를 언급해서 인상 깊었던 장면도 몇 개 되지 않는다. 김선아와 차승원이 출연한 드라마 〈시티홀〉에서는 인주시장에 당선된 신미래가 가장 먼저 공무원노조 사무실을 찾아가 인사를 한다. 전임 시장한테는 없었던 파격 행보로 소개되었다. 같은 작가가 쓴 드라마 〈시크릿 가든〉에서는 여주인공의 친구를 해고하려는 엄마한테 재벌2세인 김주원이 노조에 이르겠다고 협박하는 장면이 나온다. "우리 엄마가 나는 이겨도 노조는 못 이겨." 무려 현빈의 입으로 이런 대사를 들었던 기억이 난다. 드라마 〈어셈블리〉에서는 주인공 진상필이 법정에서 해고의 고통을 말하며 "왜 우리한테 미안하다고 하지 않습니까?"라고 판사에게 울면서 항의하는 장면이 화제가 됐다. 송곳은 훌쩍 더 나아간다. 우회하는 대신 정면에서 말하고 정면으로 승부한다. 한 노동자가 노동조합 활동가로 성장하는 이야기이며, 을들이 겪는 일상에 대한 리얼한 보고서였다. 이 드라마를 왜 제작하려고 하느냐는 물음에, 연출을 맡은 김석윤 감독은 이렇게 답했다.

> 저는 이걸 노조 드라마라고 생각하지 않아요. 그냥 먹고살기 위해 일하는 나와 모든 사람들의 이야기지요. 그걸 굳이 노조 드라마라

고 색깔을 입혀서 걱정할 필요는 없다고 봐요. *(방송사)* 내부도 그렇게 설득하고 있고요.

나는 웹툰의 시나리오 작업을 도운 인연으로 〈송곳〉이 드라마로 제작된다는 소식을 홍보페이지에 올렸다. 제일 먼저 들어온 쪽지가 "어떻게 송곳 같은 드라마를 노조도 없는 방송사에서 제작할 수 있느냐"는 항의였다. 포털 네이버에 웹툰 송곳이 연재를 시작했을 때도 왜 하필 네이버냐는 항의가 있었다. 왜 하필 그 방송사냐는 질문을 몇 차례 받았다. 종편이면서 노조도 없는 삼성가 소유의 방송사인 JTBC 방영을 비난했지만 그 방송사는 노조가 있었고, 삼성도 더이상 무노조 기업은 아니었다. 그럼 송곳은 어떤 방송사에서 방영해야 문제되지 않았을까? 가장 많은 이용자가 보는 포털에서 수십만 명의 대중이 이 웹툰을 본다는 사실, TV방송에서 수백만 명의 시청자가 이 드라마를 본다는 사실보다, 노조 있는 방송사에서 제작되어야 한다는 원칙, 더 정의롭다고 평가받는 포털에서 연재해야 한다는 원칙이 중요한 것일까?

노조가 있는 방송사에서는 이 드라마를 하겠다는 곳이

없었다. 노조가 있는 방송사에서 방영하는 드라마들이 정치적으로 올바른 것만도 아니다. 정의와 원칙에 어긋난다고 비난하는 그 방송사만이 노조 드라마를 하겠다고 나선 것이 현실이었다. 낙태 여성들이 비판자의 조소가 아니라 교황의 조치에 위로받듯, 을로 살아가는 대중들은 만날 일 없는 활동가들의 투철한 원칙보다, 노동자가 주연으로 나오는 드라마에서 노동법을 배운다. 노조 드라마 한 편이 무사하게 방영되어 대중과 만나는 것보다, 이 드라마 한 편에서 한국사회에 존재하는 모든 모순을 해결해야 한다는 듯 압박하는 건 편협한 생각이다. 정의가 너무 고음들이어서 피로하고, 한 걸음의 진전, 어제보다 조금이라도 더 나아가는 것을 가치 있게 여기지 않는 태도가 아쉬웠다. 노조 드라마 한 편 제작하는 데 다른 드라마는 겪지 않아도 되는 피곤한 상황을 마주해야 한다면, 앞으로 누가 이런 드라마를 제작하려 할까. 창작자에게도 제작자에게도 좋지 않은 신호로 작용할 뿐이다.

세상은 진일보 진일보 하면서 진보해 왔다. 진보는 결과가 아닌 과정이라 했고, 단어의 뜻조차 나아가는 걸음이라는 의미다. 한 걸음 조심스레 떼며 진일보하는 일들에 대해 좀 더 애정 어린 시선으로 바라봐 줄 수는 없을까? 궁극의 도달점만을 기준으로 평가한다면 걸음의 과정에 들인 노력과 고민은 가치 없이 휘발되어 버린다. 그러니 제발 쉽게 재단하고 비난하는 우를 범하지 말자. 진보에는 죄를 사해줄 교황도 하느님도 없는데 말이다.

〈송곳〉에 이런 대사가 나온다. "사람들은 옳은 사람 말 안 들어요. 좋은 사람 말을 듣지." 어떤 말을 할 때 태도란 상당히 중요하다. 비판과 비난, 조롱과 혐오 모두 태도와 밀접한 관련이 있다. 위 사례에서 가톨릭 신도인 여성이 교황의 발표가 있고 나서 종교 밖 사람들의 비난(대부분 여성운동 진영이거나 진보라고 분류되는 사람들일)을 들었을 때 어떤 생각을 할까? 그들이 내 편이라고 생각할까? 우리는 가톨릭 신도인 여성이 아니라 모든 여성의 권리를 위해 낙태권을 말한다. 옳은 주장이다. 그런데 정작 우리가 지키려는 여성들은 옳은 말에 동의하지 않는다. 왜? 좋은 사람으로 보이지 않으니까.

비난의 말을 던지는 태도에서 상대는 존중을 느끼지 못한다. 한시적 사면을 말하는 교황은 옳지 않다 해도 좋은 사람이지만, 여성의 권리를 말하는 사람은 옳다 해도 좋은 사람으로 보이지 않는다.

좋은 사람이 옳은 말을 하는 이상적인 장면, 내가 바라는 건 그것이다.

다시, 여전히 인간

<1987>을 보며 세월호의 친구들을 생각한다

영화 <1987>은 세대로서 '386'의 집단적 행위에 방점을 찍지 않는다. 평범한 이들이 삶의 어느 순간 선택한 행동들이 하나하나 꿰어져 위대한 역사의 조각보를 완성한 사실을 주목한다. 그 가운데는 생을 온전하게 건 비장한 결단도 있고, 무겁지 않은 적당한 동참도 있다. '차마' 여기까지는 용납할 수 없었던 평범한 이들의 수많은 '차마'가 모였을 때 어떤 힘을 발휘하는지 입체적으로 보여준다.

<1987>의 미덕은 평범한 이들의 선택이 만든 위대한 결과를 캐릭터 각자의 서사를 통해 설득력 있게 보여준다는 점이다. '쥐떼'였다가 '개돼지'도 되었다가 갑자기 위대해

지기도 하는 '민중'이라는 존재. 이를 덩어리로 취급하지 않고 개별 인간들의 총합으로 해체하면서 오히려 익숙한 상찬의 방식이 놓치기 쉬운 진정한 존경을 획득해낸다. 우리가 이뤄놓고도 믿을 수 없었던 경이로운 당대의 매듭.

도청으로 모여 달라는 방송을 듣고도 나가지 못한 채 동료시민을 사살하는 총소리에 숨죽여 울어야 했던 광주의 마지막 밤 이후, 한국사회에 각인된 '살아남은 자의 슬픔'은 꼭 7년 만에 거대한 씻김굿 한판으로 복원되었다. 영화 〈1987〉을 보면서 나는 인간이란 어떤 존재인가를 다시 생각했다.

세월호 친구들의 평범함과 위대함

말하기 조심스러운 이야기들이 있다. 하고 싶지만 글로 표현하려니 당사자들에게 상처가 되지 않을까 염려스러운 사례가 그렇다. 세월호의 친구들은 한국사회에서 딱 평균의 존재였다. 중소도시에서, 부자이지도 가난하지도 않은 평균적인 부모들과 함께, 입시지옥의 현실에 숨 막히면서도 또래문화 속에서 나름 즐겁게 살아가던 청소년들. 부모를 공경하고, 공부 열심히 해서 좋은 대학에 가야 하고, 친구와 사이좋게 지내고, 어려운 이웃을 보면 도와야 한다는 공동체의 규범 속에서, 순응과 저항을 반복하면서 살았던 지극히 평범한 학생들이었다.

이들의 삶을 반추하면 어른들의 눈으로 볼 때 때론 규범에서 벗어나 비윤리적이고, 부도덕하고, 걱정스러운 장면들이 있다. 부모가 금지한 이성교제를 하거나, 담배를 피웠거나, 자기들끼리 놀러가 술을 먹기도 하고, 금지된 게임을 하기도 했다. 평범하다는 것은 이런 일탈까지를 포함한다.

나는 세월호 친구들의 삶을 기록하는 작업에 참여했다. 이 친구들의 짧은 생을 기록하면서 어떤 부모는 생전에 친했던 친구의 말을 통해 미처 몰랐던 아이의 일탈을 알게 된 후 오히려 기뻐했다. 공부 열심히 해라, 나쁜 짓 하지 마라, 좋은 대학 가야 한다…행여 작은 일탈이라도 저지를까 싶어서 안달하고 다그쳤던 부모. 짧은 생을 사는 동안 억압하고 한길만 가라고 했던 일이 떠올라 아이한테 너무 미안했는데, 너는 그렇게라도 숨을 쉬었구나, 다행이다…고맙고 미안해서 울었다고 한다.

세월호의 친구들은 죽음이 눈앞에 보이는 순간에서도 자신의 구명조끼를 벗어 친구에게 건네주었다. 어린아이가 미처 나가지 못한 걸 발견하자 손에서 손으로 아이를 옮겨 배 밖으로 먼저 내보냈다. "아이 먼저, 여자 먼저, 친구들아 조금만 힘내자, 곧 우리를 구하러 올 거야." 서로를 다독이며 죽음의 공포에 맞섰다. 그러다 마지막을 예감한 순간 모두들 사랑하는 가족과 친구들에게 생의 마지막 말들을 남겼다. "사랑해, 미안해, 보고 싶어, 안녕."

어른들 몰래 조금씩 일탈하고, 부모들에게 걱정의 대상이었던 아이들이지만, 위기의 순간 이들이 작동시킨 규범은 너무나 '어른스럽고 전통적인' 것들이었다. 여자 먼저, 아이 먼저. 약자를 위하라는 말을 지켰고, 친구와 사이좋게 지내라는 말을, 가족과 이웃을 사랑하라는 말을 모두 지키고 떠났다.

저항과 반동만큼 안정과 조화에 대한 욕구 또한 인간의 속성 중 하나다. 우애와 협동, 이타심이라는 지극히 '인간적'인 요소들이 그 속성을 떠받친다. 세월호에서 돌아온 친구들과 떠난 친구들 모습을 보며 나는 인간은 얼마나 괜찮은 존재인가 생각했다. 규범은 억압과 통제의 이데올로 기 때문에 작동한다는 개념이 인간을 얼마나 평면적으로 이해하는 주장인지도 깨달았다.

"가만히 있으라"는 한마디를 따라 기다린 친구들. 목숨 이 위험한 순간에도 이들이 가만히 있었던 건 순응만을 강 요한 어른들 때문에 뼛속까지 체화된 복종의 결과라 비난 하는 목소리가 컸다. 나는 그 순간 친구들의 행동이 몸에 밴 순응의 기제보다는 그 지침이 생존을 위한 대응규칙이 라고 여겼기 때문에 믿고 따른 거라고 생각한다. 어른들이 시스템을 마련해 두었을 거라는 믿음을 포기하지 않았기 때문이지, 순응밖에 모르는 존재였다고 여기는 것 또한 친 구들을 온전히 이해하는 분석은 아니다.

인간은 어떤 개념으로도 단일하게 규정할 수 없는 존 재다. 우리는 나와 타인에 대해 얼마나 이해하고 있을까. 그런 노력을 하고는 있을까? 인간의 존엄성은 그저 상찬 의 말로 쓰이면서 교과서의 붙박이 구절 같은 개념이 되 었다. 하지만 인간의 존엄성이야말로 구체적인 인간들이 삶과 죽음을 통해 실현하고 지켜왔기 때문에 붙박이가 된

소중한 가치다.

　지극히 평범하고 한없이 초라하다가도 어느 순간 놀랍
도록 위대해지는 인간이라는 존재. 이 불가해한 존재를 이
해하려는 노력에 완료시점이란 존재하지 않는다. 그리고
그래야만 한다. 그것이 세월호의 친구들이 내게 남겨준 가
르침이다.

　다시, 여전히 인간을 생각한다.

"니가 아무것도 아니라고 생각하면, 아무것도 아니야"

<나의 아저씨>가 데려다 준 이들

드라마 <나의 아저씨>는 방영되기 전부터 논란이 됐던 독특한 작품이다. 아직 공개되지도 않은 드라마가 논란이 된 이유는 '나의 아저씨'라는 제목 때문이었다. 처음에는 20대 여성과 40대 남성이 주인공이라는 사실 때문에 러브라인에 대한 비난이 있었다. 제작진이 둘은 연인이 아니라 인간적인 위무를 주고받는 관계라 해명했지만 통하지 않았다. 왜 20대 여성이 40대 아저씨를 위무하느냐는 비난으로 바뀌었다. <나의 아저씨>는 드라마를 시작하기도 전에 기획의도만으로 그야말로 융단폭격을 맞았다.

그러나 초반의 비난과 논란을 딛고 <나의 아저씨>는 행

복한 결말을 맞았다. 높은 시청률 뿐 아니라 평단의 찬사
가 이어졌고, 해외에서도 호평을 받아 K드라마의 위상을
높인 작품으로 남았다. 특히 세계적인 작가 파울로 코엘료*
는 그의 소셜미디어에

*"인간의 심리를 완벽히 묘사한 작품이다. 엄청난 각본, 환상적
인 연출, 최고의 출연진에게 찬사를 보낸다(WAW! I thought I
would not survive to 16 episodes, but it is a flawless descrip-
tion of the human condition. Congrats to the super screen-
play , the fantastic director and the best possible cast)"*

라는 극찬을 남겼다.

<나의 아저씨>는 방영 내내 남녀노소 모두에게 사랑받
았고 지금도 많은 사람들이 첫 손에 꼽는 인생드라마이다.

나는 논란이 일던 당시 「이선옥닷컴」이라는 개인 웹사
이트를 열었는데, 오픈 특집기획으로 <나의 아저씨> 리
뷰大展을 마련해 글을 실었다.** 억지스러운 비난에 대한
항의이자 사랑스러운 드라마에 바치는 헌사였다.

---

*   「연금술사」, 「베로니카, 죽기로 결심하다」, 「순례자」, 「브리다」, 「라이프」 등 전 세계에서
    흥행한 작품들을 집필한 소설가. 프랑스 레지옹 도뇌르 훈장 등을 수상했다.
** 이선옥닷컴 <나의 아저씨> 리뷰大展, https://leesunok.com/View.aspx?No=3034781

드라마가 방영되기 전 오랜만에 어릴 적 친구 수향(가명)에게 전화가 왔다. 수향은 진학 대신 산업체학교에 간 친구다. 늘 밝고, 짧은 머리에 씩씩한 남자 같았던 수향이지만 내가 기억한 마지막 그녀의 모습은 산업체를 가기 싫어 책상에 엎드려 울던 슬프고 어린 소녀 수향이다.

그 나이 때 나는 활자중독이었다. 닥치는 대로 책을 읽었다. <인간시장>을 읽고, <태백산맥>을 읽고, 전집 장사한테 사들인 세로 줄의 <조선왕조실록>도 읽었다. <명탐정 셜록>, <괴도 루팡>, <그리스로마신화>처럼 시리즈로 나온 모든 책을 읽었고, 야한 잡지의 귀퉁이 광고, 대학에 다니던 언니가 들고 온 운동권 노래책의 가사까지 모든 활자를 빨아들였다. 어른들의 세계를 글로 배운 방구석의 애늙은이는 이제 세상에 대해 모르는 게 없다고 생각했다. 사는 게 우스웠다.

다른 선택지가 없는 삶

드라마 속 지안을 보는 내내 나는 수향을 생각했다. 지안은 다른 삶을 상상할 수 없었다. 빚쟁이 아버지, 그 아버지가 물려주고 간 빚, 부양이 필요한 할머니, 폭력을 휘두르는 사채업자, 결국 그를 찔러 죽이고 살인자가 된, 겨우 중학생. 십대의 지안이 짊어진 삶의 무게다. 빚을 갚고, 유일한 가족인 할머니를 부양하기 위해 밤낮으로 일해야만 하는 지안에게 다른 선택지는 없다. 주어진 오늘을 살아내는 게 다다. 열여섯 수향에게도 엄마가 없었고 어린 동생들이 있었다. 울타리가 되어주는 가족이 없었던 수향은 스스로 울타리가 되는 길을 택했다.

내가 어른 흉내를 내면서 세상의 부조리에 실소를 날릴 때, 수향은 진짜 어른의 삶을 살았다. 그 삶 안에서 다른 가능성을 찾으려 애썼을지도 모르겠다. 세상에 대해 다 안다고 생각했지만 나는 가난이 뭔지, 삶의 무게가 뭔지 몰랐다. 개인이 선택할 수 없는 것들 때문에 겪어야 하는 불행의 근원적인 부조리함에 대해서도 알지 못했다. 부모 그늘에서 활자로 세상을 익힌 조숙한 아이가 연민한 가난은, 내 곁의 친구 수향의 것이 아니라 활자 속 <난쏘공>의 난장이들이었다.

<나의 아저씨>를 보는 내내 여러 사람들을 떠올렸다. 드라마가 나를 그들에게 데려다주었다. 지안을 보면서는

수향을, 상훈과 기훈을 보면서는 생활상의 이웃들을, 유라와 정희를 보면서는 사랑에 허우적대는 내 친구를, 후계동 사람들을 보면서는 내 오랜 친구들을 떠올렸다. 그 모든 인물들에 내 모습도 조금씩 골고루 들었다. 사람 하나가 예사롭지 않았다.

내 집에 전구를 달아주러 온 아저씨, 도시가스 검침을 나온 아주머니, 다급하게 문을 두드리는 택배기사, 늦은 밤 리어카에 쓰레기를 주워 담는 젊은 환경미화원, 허름해 보이는 내 곁의 평범한 이웃들의 삶 속에 들었을지도 모르는 반전들. 저들도 그럴 수 있다. 찬란하게 데뷔했다 처참하게 몰락한 천재 영화감독이었을 수도, 남부럽지 않은 직장에 다니다 밀려난 초라한 중년일 수도, 가슴 속에 사랑 하나 품고 평생을 허우적대는 순정 덩어리일 수도 있을 거다. 어쩌면 살인자일 수도 있고. 아무렴 어떤가. 그들에 대해 무슨 얘기를 듣는대도 나는 모른 척 할 거고, 드라마 속 동훈의 말처럼, 내가 아무 것도 아니라고 생각하면 아무 일 아닐 뿐이다. 인간은 한 겹이 아니다.

나는 이 드라마야말로 경직된 시선으로 날선 논평을 쏟

아내는 사람들이 보면 좋겠다고 생각했다. 표현에 민감한 사회가 아니라 표현에 대한 검열에 민감한 사회가 되기를 바라기 때문이다. 표현 하나에 타격을 입고 휘청거리지 않는 단단한 개인들과, 그러한 개인들이 집합을 이룬 단단한 조직, 단단한 사회일수록 구성원들은 쉽사리 불행해지지 않고 문화 또한 번영할 수 있다고 믿기 때문이다.

드라마 속 이 대사는 자기계발서나 힐링서, 멘토링서적 수십권을 압축한 것 같다. 짧은 대사 몇 줄이 어디에서도 얻지 못했던 위안과 위로를 주고, 삶을 대하는 태도까지 성찰하게 한다. 이것이 문화예술이 가진 힘임을 새삼 깨닫는다. 인간에 대한 이해가 깊을수록 창작물의 수준은 높고 깊어진다.

"니가 대수롭지 않게 받아들이면 남들도 대수롭지 않게 생각해.
니가 심각하게 받아들이면 남들도 심각하게 생각하고. 모든 일이 그래. 항상 니가 먼저야.
니가 아무것도 아니라고 생각하면, 아무것도 아니야."
<나의 아저씨 中>

드라마 <나의 아저씨>의 명대사를 쉽게 존중이 침해 당한다고 생각하는 이들에게 들려주고 싶다. 인간은 한 겹이 아니다. 인간이 여러 겹이라는 걸 이해하는 사람은 그것만으로 이미 누군가를 위로하는 존재가 된다.

이 드라마가 그걸 알려줬다.

• 악다구니를 쓰며 서로를 떨어뜨리려는 외줄 위에서 이선옥 작가
  님의 글은 곡예사의 장대처럼 균형을 잡게 해준다.

  주호민/방송인. 만화가. <신과 함께> <짬> <무한동력> 저자

• 참 좋은 글이다. '보면 안다.' 법률가의 글인 양 치밀한 논증이 설
  득력을 높인다. 사변思辨적이지 않고 사안事案 중심적이다. 시선
  은 늘 '인간성'을 추구한다. 인간성의 반대말이 '폭력성'이다. 치우
  침은 폭력이다. 양자택일도 폭력이다. 편을 갈라 내 편만 옳고 네
  편은 틀리다는 주장은 그래서 폭력적이다.
  수호하려는 가치와 입장이 다르다는 이유로 서로 싸워 물리쳐야
  할 적敵이 될 것은 아니다. 싸워야 하는 것은 이슈다. 이슈 파이팅
  은 서로 다른 생각들이 싸우되, 궁극의 목표는 솔루션을 찾는 데
  두는 것이다.
  결국 편을 넘나드는 관용과 타협이 해답이다. 작가의 글 행간에서
  이를 다시금 확인하게 되는 것은 읽는 이에게 커다란 즐거움이다.

  김지형/ 법무법인 지평 고문변호사. 전 대법관

• 드라마를 만들면서, 한없이 거대한 대중의 위력에 속절없이 외로워질 때 이선옥 작가의 글은 큰 위로가 되었다. 혐오와 분노가 넘쳐나는 시대, 그의 책은 '함께' 살기 위해 가장 중요한 것이 무엇인지 말해준다.

김원석/PD. 〈미생〉 〈나의 아저씨〉 〈폭싹 속았수다〉 연출

• 낙태죄부터 리얼돌까지 다양한 이슈의 파도 위를 서핑하면서 이선옥 작가는 우리가 진작에 도달 했어야 할 개인의 시대를 얘기한다. 이 책을 읽고 나도 개인으로 단단하게 살아갈 배짱을 아주 조금은 얻었다.

김의성/배우

• 가장 명확하고도 분명한 자기 소신. 우리가 살아가는 오늘, 흔들리는 스스로를 위해 귀기울여 들어야 할 가장 참신한 이야기를 다루고 있다. 이 용기와 소신을 열렬히 뜨겁게 지지한다.

강혜정/영화사 외유내강 대표.
〈베테랑〉 〈군함도〉 〈엑시트〉 〈모가디슈〉 제작

• 25년 지기 친구 이선옥 작가는 내 자아가 확장하는 경험을 주는 유일한 한국 친구다. 그녀의 글에는 타인을 존중하고, 각자의 다름을 그대로 보는 일상의 태도가 묻어 있다.

김경미/BOC Features 대표.
〈A Dream of Iron〉 〈Many Undulating Things〉 제작

- 명료한 쟁점 도출, 정연한 논리, 탁월한 균형감각. 법관의 소양을 갖추고 있는 작가님의 글에 매번 놀라게 된다.

윤상도/판사. 서울북부지방법원장

- 데카르트는 존재의 확실한 초석을 찾아 나섰고, 마침내 역사상 가장 유명한 철학적 명제인 '나는 생각한다, 그러므로 나는 존재한다'를 발견했다. 니체는 '한 인간의 가치는 그가 진실을 얼마나 용인할 수 있느냐에 따라 결정된다'고 했다. 누구의 편도 아닌 자리에서 단단한 개인이 되자는 이선옥 작가의 외침에 위 두 명제가 생각났다. 그녀의 제안이 진일보한 사회로 가는 디딤돌이 되길 바란다.

양소영/법무법인 숭인 대표변호사

- 편가르기에 지친 우리들 마음의 중심을 단단하게 잡아줄 명판결과 같은 글이 가득한 책이다.

이인석/법무법인 YK 대표변호사. 전 대전고법판사

- 여론에 휘둘려 내로남불하는 사람들에게 가하는 단단한 개인 이선옥 작가의 일침.

이정환/법무법인 새한양 대표변호사

- 완성된 퍼즐이 진실이라면, '탈진실 시대'의 가장 큰 문제는 퍼즐의 수·크기·위치가 중구난방이라는 데 있다. 퍼즐의 수·크기·위치를 결정하는 맥락과 퍼즐을 다루는 주체들에 대해서도 끊임없

이 문제 삼는, 이선옥 작가의 태도에는 직업적 저널리스트보다 더 저널리스트다운 면모가 있다.

김창석/한겨레교육 대표

• 쉬우면서도 깊고, 섬세하면서 통쾌한 글. 학교 선생님들과 함께 읽고 토론해 보고 싶은 책.

윤영백/교사

• 극단적인 편가르기의 시대에 우상이 아니라 스스로 생각하는 개인들의 필요성을 알려주는 책.

조성식/의사. 동아대학교 의과대학 교수

• 10여 년쯤 전, 내 강의 내용 중에 차별적 표현들이 있다고 지적해준 사람이 이선옥 작가였다. 우리 사회를 향한 그 예리한 지적은 지금도 계속되고 있다.

하종강/성공회대 노동아카데미 주임교수

• 어느 편에도 서지 '못'해 외로운 사람들의 손을 단단하게 잡아주는 지적 힐링도서.

김경래/작가. <삼성동 하우스> 저자. 전 KBS 기자

• 한 사람의 독자로서 나는 바람보다 햇살 같은 글을 좋아한다. 나그네의 외투를 벗기는 건 결국 햇님이었듯이, 사람의 삶에 대한 존중을 담고 있는 글은, 나와 생각이 달라도 마주할 수 있다. 이 책

을 통해 마음껏 논쟁하고 고민하길, 그러나 우리는 같은 시민으로 대화할 수 있다는 것을 잊지 말길.

김보경/출판사 지와인 대표

• 20대 여성인 나를 사방에서 피해자로 규정할 때, 다시금 '나는 단단하고 온전한 개인'임을 확인시켜준 책.

김정아/회사원

• 고정관념을 거부하고 늘 사실을 바탕으로 냉철한 분석을 내놓는 이선옥 작가의 글에서 많은 걸 배운다. 위선이 판치는 사회에서 그는 진정한 약자의 대변자다.

하태경/보험연수원장. 전 국민의힘 국회의원

• 머리 속에 한쪽으로 치우쳐 고여있던 물에 새로운 물줄기를 내어 사유의 틀을 크게 확장 시켜준 박하사탕 같던 책 강추!

• 다들 무서워서 혹은 피곤해서 피하는 현안들을 직선적으로 정직하게 직면한 책. 기본적으로 잘 쓴 글이기도 하고.

• 논리에 허점이 없는 좋은 책. 무책임한 감정과 혐오가 판치는 세상에서 페미니즘의 잣대를 비판한 합리적인 글.

• 정말로 좋은 책. 모두에게 정독을 권하고 싶다. 휩쓸리지 말고 어느 편의 주장에 따라가지 말고 각자 사유를 통해 자신만의 가치를 가질 수 있기를. 정의란 무엇인가의 뜬구름 잡는 내용보다 훨씬 좋음.

• "우리는 좀 더 공정한 방식으로도 약자의 편에 설 수 있다" 작가가 선택한 '우리'라는 단어와 '~으로도'로 이어지는 문장은 당신과 내가 놓치고 있었던, 어쩌면 모르는 척 넘기려 했던 가능성 한 가지를 더 일깨워 준다. 꼭 한 번 읽어보길 추천. 왜곡된 공론장에서 이런 의견은 사장되고 감성과 모순으로 뒤덮인 목소리

만 가득한데 이 책은 그 와중에 중심을 잡고 헌법적 가치에 눈 뜨게 만든다.

• 가장 공정한 위치에서 양쪽을 바라보고 싶다면 읽어봐도 좋을 책. 세상을 바라보는 시각을 개인에게 맞추게 되고 법치의 중요성을 일깨운다. 이선옥 작가님이라 꼭 읽어보고 싶었던 책. 소통은 물론 평등을 위한 길은 상호 존중과 역지사지가 아닐까 생각해보게 되는 책.

• 쏟아지는 '이즘'과 진영의 이슈 속에서 진실을 추구하는 것이 사회의 발전을 위해 얼마나 중요한 일인지를 알려주는 책. 훌륭한 교양서적. 하나의 이슈를 다방면으로 볼 수 있는 안목을 길러준다.

• 이념에 사고를 의탁하는 사람이 너무 많은 세상에서 한숨 돌리기 위한 서적. 또 하나 첨부하자면, 성평등과 페미니즘이 같은 말인 줄 아는 착각이나, 둘은 같다는 강압적 주장이 현재의 많은 문제를 야기하는 것 같음.

• 아들에게 선물하려고 샀는데, 책 제목 처럼 흔들리지 말고 자신의 생각을 정립하라는 의미에서다. 내가 먼저 읽어보았다. 인간다움이란 것이 무엇인지, 배려란 무엇인지를 생각하게 해주는 좋은 글이다. 한쪽에 치우치지 않는다는 것, 그리고 좌와 우의 논리가 아닌, 법을 기준으로 삼고 인간을 존중하는 마음을 중심에 놓으면

무엇이 문제랴 싶다.

• 그저 각각의 이익과 본인들의 성취욕을 위해 타인을 생각하지 않고 도구로 사용하는 자들에게 따끔한 일침을 주는 좋은 글이다. 세월호 친구들을 생각한다를 읽으면서는 내 눈에도 눈물이 고이고, 내 아들이 이 세상을 아름답다 생각하며 살고, 누구에게도 흔들리지 않는 단단한 개인으로 살아갔으면 한다.

• 전작 <우먼스플레인> 이후 단단한 개인을 통해 흔들리지 않는 개인을 응원하는 신작을 내놓았다. 최근 젠더관련 이슈는 유난히 특정 젠더에 무게중심을 두다보니 여론이 왜곡되는 경우를 여럿 볼 수 있다. 그러다보니 내 생각과 많이 다른 분위기로 혼동이 되는 경우를 볼 수 있다. 혐오로 점철된 현재의 모습에 매몰되지 않기 위해서는 흔들리지 않는 개인에 대한 신뢰가 필요하리라 생각하며, 균형 있게 바라보는 관점을 가질 필요가 있다고 본다.

• 유튜브를 통해 작가님을 알게 되었습니다. 작가님이 방송에서 사람들에게 건네는 이야기가 제가 가진 생각과 많이 닮아 있다고 느꼈고, 작가님의 글에도 호기심이 생겨 이 책을 구매했습니다. 배척과 혐오, 갈등이 고조되는 사회적 분위기에서도 흔들리지 않는 나만의 가치관을 세우는데 큰 도움을 받았습니다. 많은 사람들이 이 책을 통해 공감하고 위로받기를 바랍니다.

한줄 리뷰

- 살벌히 마주보고 있는 수백 수천 갈래 참호들, 그 사이에서 어디도 아닌 한복판에 선다는 것.

- 논리적이고 타당한 책. 다양한 관점으로 사안을 볼 수 있다.

- 진영논리에 휘둘리지 않는 단단한 개인을 위하여.

- 주제 선정, 의견 개진, 개인적 의견을 담담히 풀어내는 것이 인상적.

- 가치가 충돌할 때 바른 마음을 갖게 도와주는 책.

- 진정한 중용을 말한 책.

- 내가 나로서 살아갈 수 있는 힘을 주는 책.

- 유익합니다. 추천합니다.

- 단단한, 개인 이라는 말에 울림이 있습니다.

- 정독하고 또 다시 읽었습니다.

- 초반부 읽고 있는데 내용 하나하나 너무 공감 가고 와닿네요. 좋은 책 감사합니다.

- 요즘 현대인들이 좀 읽어봤으면 해요. 알아야지요.

- 책의 내용이 담백하게 다가와서 좋았습니다. 글의 내용이 와닿네요.

- 모든게 불편한 현재, 좋은 책 같습니다.

- 재미있게 읽을 수 있는 책입니다. 꼭 읽어보세요.

- 공정함이란 무엇인지 다시 한 번 생각합니다.

- 나도 그저 단단한 개인이 되고 싶다.

참고문헌

경기도교육청 약전작가단, 『네잎클로버를 키운 소녀』, 굿플러스북, 2016.

로널드 드워킨, 『생명의 지배영역』, 박경신·김지미 옮김, 이화여자대학교 생명의료법연구소, 2008. (Ronald Dworkin, Life's Dominion.)

슈테판 츠바이크, 안인희 옮김, 『다른 의견을 가질 권리』, 바오출판사, 2009. (Stefan Zweig, Castellio gegen Calvin oder Ein Gewissen gegen die Gewalt.)

이민경, 이민경, 『우리에게도 계보가 있다』, 봄알람, 2017.

이민열, 『기본권 제한 심사의 법익형량』, 경인문화사, 2016.

이선옥, 『우먼스플레인』, 필로소픽, 2019.

이한, 『정의란 무엇인가는 틀렸다』, 미지북스, 2012.

조남주, 『82년생 김지영』, 민음사, 2016.

최규석, 『송곳』, 창비, 2015.

단단한 개인

개정판 1쇄 인쇄일 2025. 4. 21
개정판 1쇄 발행일 2025. 4. 28

지은이 | 이선옥
발행인 | 한준희 양시호

발행처 | 담담사무소
출판등록 | 2020년 5월 26일(제2020-000131호)
주소 | 서울시 마포구 동교로 25길 26-5 라라빌딩
전화 | 02)2038-6695 · 팩스 | 02)2038-4395
전자우편 | daamdaam@daamdaam.co.kr
홈페이지 | www.daamdaam.co.kr

ⓒ 이선옥, 2025

ISBN 979-11-971200-4-6